- 從秦始皇到隋煬帝 -

# 歷代帝王
# 暗黑祕史 I

趙逸君 主編

# 前　言

　　這是一個充滿鐵血霸氣的帝王時代！「千古一帝」的秦始皇嬴政橫掃六合、一統華夏，形成了「車同軌，書同文」的局面；雄姿英發的漢高祖劉邦唱著《大風歌》，提三尺劍斬白蛇，創下大漢四百年基業；雄才大略的漢武帝劉徹北伐匈奴、外服四夷，展現一幅幅氣蓋山河的歷史畫卷；光武帝劉秀亂世起兵，推行「偃武修文」，譜寫著復興漢室的英雄史詩……

　　這是一個明君雄主各領風騷的帝王時代！智勇雙全的宋太祖趙匡胤從一個浪跡天涯的流浪者，用了十多年時間東征西討、南征北伐，奠定北宋時期的基本版圖，成為一代叱吒風雲、君臨天下的開國大帝；銳意進取的宋孝宗趙昚外犖疆土、內治國政，終成南宋之盛世大觀；一代天驕元太祖孛兒只斤‧鐵木真手挽強弓，指揮著蒙古鐵騎統一蒙古、西征東進，為大元帝國打下了一片橫跨亞、歐的遼闊國土；壯年雄心的元世祖孛兒只斤‧忽必烈一統中國，南征西進，開創人類歷史上最大世界版圖的帝國……

　　這是一個英雄輩出的年代！「洪武之治」的明王朝開國皇帝朱元璋，橫空出世，南征北戰，創大明王朝之基業；開疆拓土的明成祖朱棣，臥薪嘗膽，一戰定乾坤，登臨皇帝寶座，成萬國來朝之太平盛世；血海餘生的清太祖愛新覺羅‧努爾哈赤雄霸遼東

漠北，奠定滿清王朝霸業；有勇有謀的清太宗愛新覺羅‧皇太極奪得汗位，確定了大清國號並初創帝制；八歲登基的清聖祖愛新覺羅‧玄燁，勤奮好學，志向遠大，14歲鏟除鰲拜，獨掌大權，勵精圖治，寬民裕國，創「康乾盛世」之宏偉業績……

翻開一頁頁浸透著血與火的歷史，金頂紅牆隔世絕，太液池邊聽秋風。一步步撥開歲月的迷霧，讓歷史走近現實。

從古到今，所有的帝王都是你方唱罷我登場，興於憂患，亡於戰亂，歷代王朝命運大抵如此。圍繞著他們爭奪皇位的血腥鬥爭，圍繞著他們專制殘暴的統治，在宮廷內外演繹出多少驚心動魄、曲折離奇的故事，也留下了多少千古之謎。

帝王祕事，永遠都是老百姓最感興趣的話題。在這兩千多年封建帝王統治時期，喋血宮廷、血染王冠、爭權篡位的故事在中國歷史上一直盛演不衰，皇權和皇位歷來都是野心家追求的目標、陰謀家成長的搖籃，帝王的血腥、風流、陰謀、懸疑、謎案傳承了封建王朝由強盛到衰弱的主線……所以，皇帝的一生也就增添了很多跌宕不平的神祕色彩。

本書有你最想知道的皇家內幕，為你曝光帝王祕事，再現英雄傳說，蒐集天下逸聞，為你揭開層層謎團。比如秦始皇稱自己為始皇帝，希望後代從他那兒開始，稱二世、三世，直到萬世，永遠相傳，沒有窮盡，可偏偏他一手創造的大秦王朝僅存兩世便滅亡了，其中總是帶著這樣或那樣的必然和偶然，布滿了謎團；宋朝的宮闈、朝政令後人百思不得其解，十八帝中有一半沒有子嗣繼承大統，這在歷朝歷代絕無僅有；「斧聲燭影」、「狸貓換

太子」等民間廣為流傳的故事背後，顯然隱藏著不為人知的流年往事……凡此種種，讓讀者期待，令學者驚奇。

本書分三冊，共匯集了歷代王朝中48位帝王，涵蓋了他們的人生軌跡、朝廷政務、後宮生活以及如何坐上皇帝寶座，如何消亡身死……層層揭開他們的身後留下的謎團，並以史實依據，講述他們的歷史、生平與政治生涯……具有史料性、知識性、趣味性、可讀性。

這兩千多年的歷史裡，有人為民族作出的貢獻，也有人為民族帶來屈辱和創傷的辛酸記錄，譜寫了一曲曲波瀾壯闊的歷史壯歌，也彈奏出一首首如泣如訴的慷慨悲歌，為古老的各朝代歷史畫卷增添了一筆濃墨重彩。

目錄

## 第一篇 撥開強秦帝王的神奇謎團

### 秦始皇嬴政：秦陵地宮謎重重
傳奇身世：從落難出生到初露鋒芒 / 015
文化浩劫：「焚書坑儒」背後的起因 / 024
寵信方士：執迷不悟尋找長生不老藥 / 029
秦陵地宮：諸多謎底墓中藏 / 031
秦始皇嬴政的履歷書 / 050

### 秦二世胡亥：登基原非始皇願
篡改遺詔：登上了本不屬於他的帝位 / 067
殘害手足：權力面前無親情 / 069
身後謎團：胡亥是被誰逼迫而死 / 071
秦二世亥的履歷書 / 076

## 第二篇 探祕兩漢天子的深宮真相

### 漢高祖劉邦：「真龍」天子假身世
劉邦身世之謎 / 087

秦始皇漏殺劉邦祕聞 / 092
　　劉邦的後宮之爭 / 095
　　劉邦不敢接近的女子是誰 / 099

**漢文帝劉恆：賢德之君有怪癖**
　　劉恆如何以代王身分登上皇帝寶座 / 105
　　淮南王劉長之死與劉恆有關嗎 / 108
　　劉恆為什麼寵幸鄧通 / 111

**漢武帝劉徹：鐵血男兒柔腸情**
　　陷入求神的泥潭不能自拔 / 116
　　揭祕劉徹「金屋藏嬌」 / 120
　　劉徹為何魂牽夢縈李夫人 / 122
　　馬邑之謀 / 127
　　劉徹為何派遣張騫出使西域 / 129
　　劉徹殺母立子祕聞 / 134
　　劉徹施愛於韓嫣真相 / 137
　　漢武帝劉徹陵陪葬品有多少 / 142

**漢成帝劉驁：荒淫無道釀國衰**
　　劉驁為何專寵趙氏姐妹 / 145
　　皇帝也會戴「綠帽子」 / 150
　　劉驁殺悅美人的真相 / 153
　　樂極生悲終成風流鬼 / 154

Contents

## 漢世祖劉秀：明君降生伴赤光
    一代帝王身世揭祕 / 157
    劉秀靠什麼籠絡人心 / 162
    劉秀是如何逃脫更始帝追殺的 / 164
    劉秀因何一生專情陰麗華 / 170

## 漢章帝劉炟：東漢衰敗由他始
    劉炟為何對叔叔劉蒼之死痛心疾首 / 176
    劉炟為何廢掉劉慶皇太子之位 / 180

## 漢獻帝劉協：亂世飄零亡國恨
    劉協即位為帝的來龍去脈 / 186
    劉協「衣帶詔」敗露真相 / 188
    劉協禪讓之謎 / 194

# 第三篇 趣說隋朝二帝的歷史插曲

## 隋文帝楊堅：素無學術好猜忌
    楊堅出生神奇說 / 201
    楊堅冷落三千宮黛原委 / 204
    楊堅為何毀建康為「菜地」/ 206
    楊堅與貓鬼的傳說 / 209
    楊堅死因懸疑 / 211

### 隋煬帝楊廣：病態人格最荒淫
楊廣開挖大運河的真正目的 / 214

楊廣弒父姦母之謎 / 217

楊廣為何受宮女青睞 / 219

楊廣葬身何處 / 221

# 第一篇 撥開強秦帝王的神奇謎團

# 秦始皇嬴政

## 秦陵地宮謎重重

秦始皇，名嬴政，又名趙政，也有人稱之為「呂政」。

公元前259年生於趙國都城邯鄲（今河北邯鄲）。公元前247年，秦莊襄王（子楚）病故，年僅12歲的嬴政繼承了秦國的王位，成為第31代秦王。公元前221年，雄才大略的秦王嬴政統一了中國，建立了第一個大一統的封建王朝——秦朝。

公元前210年，中國歷史上的「千古一帝」——秦始皇嬴政在東巡途中病逝於沙丘平台（今河北廣宗），在位37年，其中稱王25年、稱帝12年，享年50歲。葬於驪山（今陝西臨潼）。

作為春秋戰國時期的最後一位君主，秦始皇吞併六國，締造秦王朝，這個事件一直被視為春秋戰國時期結束的歷史性標誌。在這個意義上，秦王嬴政是一個歷史過程的「終結者」。

作為秦始皇的嬴政是中國封建時代，也是中國歷史上的第一位皇帝，他憑藉著祖先留給他的基業，即「四世有勝」、國富兵強的強秦，橫掃六合，統一天下，登上皇帝寶座，又在全國範圍內推行專制主義中央集權制度，將中國推向了一個新的歷史起點。這又使秦始皇成為一個歷史篇章開端的標誌性人物。

就是這樣一位帝王，實際執政不足30年，卻能上承千年，下啟千年。具有這樣歷史地位的人物，試問古今中外能有幾人呢？

# 傳奇身世：從落難出生到初露鋒芒

## 傳奇身世

　　嬴政，這個本該生在秦國皇宮裡的皇室貴冑，卻偏偏生在了趙國。他的父親異人，雖身為王子，卻偏偏又多出了一個無奈的身分──秦國派到趙國的質子（以王子當人質）。異人是秦昭王之孫，他的父親是秦昭王之子安國君，也就是太子柱，即後來的秦孝文王。異人有兄弟20餘人，他並非長子，其母夏姬也不受太子柱的寵愛。這種情況使得異人不可能成為太子柱的嫡嗣。於是，異人理所當然的被送到趙國，成了一個爹不疼、娘不愛的落魄公子。然而，當異人這個落魄王孫以秦國人質的身分，出現在趙國都城邯鄲的大街上時，大商人呂不韋覺得異人是「奇貨可居」，說不定可以利用他做一筆巨大的投機生意。而異人也從此鬼使神差般地走出困境，飛黃騰達起來。

　　呂不韋先拿出五百金交給異人，讓他改善處境，廣交賓客，又另外拿出五百金選購珍寶玩物作為遊說所需的禮物。一切安排妥當，呂不韋便西遊秦國。

　　呂不韋來到咸陽後，先後拜見了華陽夫人的姐姐和弟弟陽泉君，設法為異人尋找晉身之階。呂不韋的禮物和遊說打動了陽泉君等人，也打通了面見華陽夫人的途徑。

　　呂不韋晉見華陽夫人，獻上了遠道帶來的珍貴禮物，又在華

陽夫人面前極力贊揚異人的賢德與智慧。他勸說華陽夫人趁著年輕貌美，且得寵之時早為自己打算，在諸公子中選出一位賢孝之人作為自己的兒子，把他立為正式的繼承人。諸公子中以異人最為賢孝，而且又常常表示「以夫人為天」，若將他扶持為繼承人，今後「母憑子貴」，就可終身在秦國得寵，其家族也可在秦國保持現有的或是更大的勢力。否則，一旦華陽夫人年老色衰，或者太子柱辭世，必定會有新的秦王即位，如果新秦王早就對華陽夫人及其親屬不滿，就很可能使其家族面臨殺身之禍。

一番肺腑之言，深深地打動了一直為自身無子嗣所苦惱的華陽夫人。從此，華陽夫人時常向太子柱吹枕邊風，贊揚異人的賢孝仁德。有一次，華陽夫人在太子柱面前流著眼淚說：「賤妾今生有幸能夠被挑選入宮，又承蒙太子的錯愛，今生今世也無法報答。有一件事，賤妾深感對不住太子，就是沒有一個像異人那樣的好兒子。如果賤妾能夠先太子而去，那倒是千好萬好，可萬一……那賤妾將何以托身……」

太子柱看到華陽夫人猶如梨花帶雨的臉蛋，從心底湧出憐惜之情，連忙安慰她說：「夫人不必憂傷，你如果喜歡異人，那就把他過繼過來，收為養子，並立他為嫡嗣，將來讓他做秦王，不就可以日後無憂了嗎？」

於是，太子柱與華陽夫人「刻玉符」為信，約立異人為嫡嗣，接著又給異人送去大批錢財，並聘請呂不韋扶助異人。從此，異人名聲日盛，譽滿諸侯。

回到邯鄲後的呂不韋與異人終日飲酒作樂，廣交天下豪傑，呂不韋還把自己的一個能歌善舞、年輕貌美的寵妾趙姬，送給了異人。

據野史記載，趙姬在跟隨異人時已然有了身孕，但9個月

後，竟無臨產徵兆，直到懷胎後的第13個月才生下一子，這個孩子就是後來的秦始皇嬴政。異人見趙姬一舉得男，十分高興，立即封趙姬為夫人，而這個孩子實際上卻是呂不韋的骨肉。

但這終究是野史，並不能完全相信，畢竟懷孕13個月才生子，即使用現代科學也難以說得通。從古至今，關於秦始皇嬴政的生父究竟是誰，也是眾說紛紜，看來這只能是個千古之謎了。

## 從他鄉異客到少年君王

嬴政出生後不久，秦趙兩國便撕毀盟約，展開了一場曠日持久的戰爭。畢竟秦國的勢力要強於趙國。

公元前259年，秦國的軍隊兵臨邯鄲城下，趙國危在旦夕。如熱鍋上的螞蟻似的趙國君臣，一方面派平原君率毛遂等人奔赴楚國求援，另一方面打算殺死秦國質子異人，以解邯鄲之圍。異人一家正面臨著滅頂之災，這當然還包括正在蹣跚學步的嬴政。一個素與異人交好的趙國官吏把這個消息告訴了異人。

大驚之下，異人忙找來呂不韋商量對策，他們首先設法遊說趙國的當權者，與其殺掉異人，不如放其回國，使其有機會登上王位，而感念趙國。見遊說無效，異人與呂不韋立即決定逃出趙國。此時的邯鄲城戒備森嚴，對異人等人的看管也更加嚴密，這對於異人來說恐怕是插翅難逃了。

於是，呂不韋冒險用六百金賄賂看守異人的官吏和守城的士衛，最終得以逃離邯鄲，奔向秦軍營壘，並輾轉回國。趙國方面得知異人出逃，又欲加害趙姬母子。趙姬本是邯鄲豪門之女，娘家在邯鄲頗有些勢力，幼小的嬴政和母親便隱匿在外祖父家裡，這才躲過了這場劫難。此時的嬴政年僅二、三歲。

異人終於得以回到故國，結束了羈旅邯鄲的生涯。回到咸陽

後，異人按照呂不韋囑託，為討好出身於楚國的華陽夫人的歡心，特意改穿楚服前往拜謁。華陽夫人見狀大喜，便將異人改名為子楚。

從交談中，華陽夫人也體察到子楚的智慧與謀略，更堅定了立子楚為嫡嗣的信心。子楚面見父親的時候，又建議派遣使節聯絡、安撫當年在趙國結交的豪傑名士。太子柱（安國君）對子楚的膽識謀略頗為賞識。

據說太子柱還找來術士為諸公子相面，子楚的面相最為尊貴。從此，子楚的王儲嫡嗣地位牢固而不可動搖了。

公元前251年秋，在位56年的秦昭王駕崩，太子柱（安國君）繼承王位，是為秦孝文王。秦孝文王冊封華陽夫人為王后，子楚也順理成章地被立為太子。趙國聞訊，派遣使節、車馬將趙姬母子護送歸秦。這時，嬴政已經8歲了。

秦孝文王作了幾十年的太子，在秦昭王駕崩，服喪一年之後，才得以正式登上秦國王位，此時他已經53歲了。但秦孝文王無福消受，即位僅僅三天就因病死去，太子子楚即秦王位，是為秦莊襄王。

秦莊襄王即位後，尊養母華陽王后為華陽太后，尊生母夏姬為夏太后，立夫人趙姬為皇后，立長子嬴政為太子，幼衝之年的嬴政成為了秦國的儲君。呂不韋則被拜為相國，封文信侯，秦國的軍政、外交大權，盡掌握在了他的手中，呂不韋也終於實現自己的政治抱負。

公元前247年，在位僅3年的莊襄王散手人寰，年僅12歲的太子嬴政登上了秦國的王位，成為了一位少年君王。這位曠世之君終於走到了中國歷史舞台的最前端。

## 初露鋒芒的鐵腕君王

按照秦國的制度,年幼的秦王在舉行成人禮之前不得親政,而由他的母親,以太后和監護人的身分代行王權。因此,在嬴政登基之初,其母趙太后成了秦國法定的最高統治者,擁有著對國事的最終決斷權。

由於嬴政尚屬少年,必然還要委政於大臣。所以,嬴政尊「仲父」呂不韋為相國,以蒙驁、王齕等人為將軍,當時李斯已經擔任舍人。這些輔政大臣都是堪稱王霸之佐的能臣,他們憑藉秦國的政治制度和個人的才智謀略及膽識,把國家治理得井井有條。因此,在秦王嬴政親政之前,秦國的實力持續增強。

而此時的呂不韋也終於完成他一生中最大的生意,他不僅位居相國,而且獲得了與管仲齊名的「仲父」的尊號,成為秦國首屈一指的巨富和政治暴發戶。然而這正是呂不韋從巔峰走向滅亡的開始,由於他的權勢過大,直接影響到秦王嬴政的統治,對於權力有強烈慾望的嬴政當然不能視而不見。

而此時貴為太后的趙姬,也在丈夫莊襄王死後不久與呂不韋舊情萌發,再續冤孽。隨著秦王嬴政一天天地長大,呂不韋已多有顧忌,而趙太后的私慾卻愈加肆無忌憚,死死纏住呂不韋不

秦始皇

第一篇 撥開強秦帝王的神奇謎團

放，呂不韋不得不尋找脫身之計。

於是，呂不韋向趙太后推薦了嫪毐，從此太后對嫪毐寵愛有加，最終導致有孕在身。嫪毐遂以太后為後盾，漸漸擴展其勢力。而趙太后也以手中的權力，封嫪毐為長信侯，並分給他大片的封地和數千僕傭家僮，還讓他參與軍國大政，並授予他各種特權，甚至「事皆決於嫪毐」。

公元前239年，秦王嬴政21歲，按照秦國制度就要於次年舉行加冠親政儀式了。就在此時，呂不韋召集門客3,000多人編撰的《呂氏春秋》完成，並示威性的掛在城門前讓人糾錯；而嫪毐也在此時得以分土封侯，兩大政治集團分別向年輕的秦王嬴政弄權示威。

面對呂黨和后黨兩集團的囂張氣焰，年輕而沈穩的嬴政未動聲色。公元前238年，也就是嬴政繼承秦王位的第9年四月，嬴政依秦制，在秦故都雍城的新年宮舉行冠禮（「己酉，王冠，帶劍」），完成成年儀式，正式主持國政。

嫪毐乘機發動叛亂。不料嬴政早有戒備，立刻下令昌平君等人率軍鎮壓，活捉嫪毐。九月，嫪毐被車裂，誅滅三族，黨羽皆梟首示眾。嫪毐的舍人，罪重者刑戮，罪過較輕的判處鬼薪之刑，即為宗廟砍柴三年，因受到牽連而被剝奪爵位、抄沒家產、流放蜀地者達四千餘家。至此，與君權對立的后黨集團被徹底消滅。就連趙太后和嫪毐的兩個私生子也未能倖免，唯有趙太后，嬴政念及母子之情將其軟禁。

嬴政這一行為，引起朝中一些老臣宿將的恐慌，尤其是王翦、白起、蒙驁等人都認為嬴政此舉不當，但又深知嬴政生性暴戾，因此，便慫恿其他臣子上書勸諫，顧全國體，迎還太后。誰知嬴政一閱諫書怒上加怒，當即將諫官處以死刑，並榜示朝堂，

敢諫者一律處死！結果，繼續上書勸諫的官吏，個個都落得腦袋搬家！

這時又冒出個不怕死的齊客茅焦，他跪伏金殿以死請諫。嬴政大怒，命武士支立油鍋，將鍋裡的油燒得翻騰滾沸，欲將茅焦丟下烹之。不料這個茅焦絲毫也不畏縮，他舉步直往油鍋近旁邁近，他低頭再拜說道：「臣聞生不諱死，存不諱亡，諱死未必得生，諱亡未必不死，這是生死存亡的道理，為明主所樂於享有，現在不知大王願聽否？」

嬴政聽了，以為他別有高論，不關皇太后的事，也就改容相答道：「容卿道來。」

茅焦見秦王怒容稍斂，便正色朗聲說：「臣聞治天下以仁德為先，以德服人者昌，以力服人者亡，治天下者民心為重。大王今日行同狂悖，失去君王的理智，裂假父，捕殺同胞二弟，驅走仲父，軟禁母后，殘殺諫士，就是最殘暴的夏桀商紂，尚不至此！天下不明真相的，聽了此事都會指責大王太過殘忍，而這事的真相卻又不便向天下公開。明智者應將此事巧妙隱蔽，為尊者諱，這是古人早就教導了的。如果大王繼續將太后軟禁，這無異張揚其事，引起天下軍民人等異議。如果六國以此事為由，合力抗秦，各國百姓，都會以死相拼，生身母親的養育之恩不念，何以為君？倘若天下人等齊力反對你這不認生母的暴君，我看天下的得失很難預料。」說罷，他脫去外衣，就準備往油鍋裡跳。

在旁的王公大臣一個個嚇得面如土色，為之惋惜，不料嬴政趕忙下座上前攔住，並且當面認過：「愛卿，你敢如此當面罵孤。好膽識，孤佩服，謝你一片直言！」當即獎賞黃金百兩，加封上卿。

於是，秦王嬴政撤銷了軟禁太后的命令，並親往雍城向母親

賠罪。趙姬也自知理虧，只好忍住心頭之痛，母子和好如初。

平定嫪毐之亂顯示了嬴政處理非常事變、應對政治危機的才能。他處變不驚，指揮若定，後發制人，一舉破敵，割掉了秦國政治中的一個毒瘤。

深有謀略的嬴政在清除后黨後，擺在他面前的便是勢力最為強大的呂氏集團了，他深知呂黨才是他心頭大患，不除呂黨他就得時時刻刻面對政權陷落的威脅。本來他打算要乘嫪毐案一並鏟除呂氏集團，因為，究根追柢，身為相國的呂不韋是當年嫪毐進宮的始作俑者，嫪毐之亂，呂不韋無論如何也脫不了干系。若乘嫪毐事件誅殺呂不韋，一並清除呂氏集團，倒也不是師出無名。但考慮到呂不韋扶持先王繼位，又先後輔佐兩代君王，功勳卓著眾所周知，在秦國也有深厚的根基，勢力強大，在國內外的聲望也頗高，若操之過急，說不準會壞了大事。因而，嬴政決定先按兵不動，靜觀其變，伺機而動。

公元前237年，也就是嬴政登上秦王位的第10年，已經站穩腳跟的嬴政以呂不韋與嫪毐之亂有牽連的罪名，免去其相國之職，將他轟出秦都咸陽，遷居封邑洛陽。在呂不韋回洛陽居住的一年多時間裡，關東六國的君主頻繁地派遣使臣前去拜謁，往來車隊「相望於道」。

嬴政恐呂不韋串通其他諸侯國作亂，決定置其於死地，根除禍患。嬴政先是下令將其遷往蜀地，割斷了他與各國、封地和故吏、賓客的聯繫。又派人給呂不韋送去一封親筆書信，就是這封書信，成為了呂不韋的「催命符」。信曰：「汝對秦有何之功，卻能封土洛陽，食邑十萬？汝與秦有何親緣，卻得到仲父之稱？汝快滾至西蜀！」

蜀地那時乃流放地，犯人的去向，嬴政這時下令讓呂不韋去

蜀，自有鏟除之意，並且讓他帶上自己的家眷，這已經很能說明一切了。收到信的呂不韋知道大難已近，又恐遭到誅親滅族，於是飲鴆自盡了。

呂不韋死後，嬴政嚴懲了他的家人和賓客，權傾一時的呂黨集團也終於被拔除了。從此，嬴政開始完全按照自己的意志決斷軍國大事了。

初試鋒芒的嬴政在親理政務後僅僅兩年的時間，就先後解決了嫪毐、呂不韋兩大集團的政治勢力，使母后、嫪毐、呂不韋先後退出了中樞權力結構。把國家大權牢牢抓在自己的手中，使秦國的勢力結構更加穩定，國家權力更加統一集中，這為他日後吞併六國打下了堅實的政治基礎。至此，我們看到的是一個成熟、幹練、有魄力的曠世之君。

# 文化浩劫：「焚書坑儒」背後的起因

秦始皇在後世人們心中成為一代暴君的原因，除了勞役人民從事大規模的營造工程之外，還有「焚書坑儒」這一思想鉗制的大事件。

公元前213年，為慶賀擊敗匈奴、收服百越的戰績，秦始皇在咸陽宮大擺宴席，與70位博士、文武百官共同暢飲。席間，眾臣無不為秦始皇歌功頌德。其中博士僕射周青臣對秦始皇稱頌道：「陛下削平六國，統一天下，如今又北敗匈奴，南服百越，凡日月照得到的地方，全都為陛下統轄。陛下又廢除分封舊制，遍設郡縣，消除了戰爭之患，百姓安居樂業，自上古以來，無人能及陛下威德。」秦始皇聽後自然喜上眉梢。

座下的另一位博士淳于越是反對郡縣制的，聽到周青臣的諂媚，心中很是反感，就站起來說：「殷商和周朝穩坐天下千餘年，就是因為分封子弟功臣，依靠這些人輔佐王室。而今陛下坐擁有天下，居九五之尊，而子弟功臣只能做個普通臣民。如果突然之間發生齊國那樣的田氏篡權、晉國那樣的六卿專政，沒有輔佐諸侯，哪一個來拯救那種危險局面呢？治理天下不效法古人而企圖長治久安，我從來沒有聽說過。如今周青臣當面諂媚陛下，為陛下的過錯推波助瀾，這樣的人絕不是忠臣，應以嚴懲，以示天下！」

淳于越的一番話，使宴會上原本歡樂熱烈的氣氛一掃而空。

燈火通明的咸陽宮陷入一片寂靜。眾臣都低頭不語，秦始皇聽罷，也是臉色鐵青、怒髮衝冠，因為淳于越直接否定了他的基本國策。但秦始皇忍住了，便想借此機會統一天下思想。

所以，他當下請眾臣各抒己見。因為是丞相李斯反對分封制，提出郡縣制，並為秦始皇所採納的，偏偏淳于越引借史籍，以古非今，因此，李斯就抓住「師古」大做文章。他說，古來治理天下並無常法，三皇五帝，各自的制度都不相同，但是他們都讓天下得到大治，可見，「效法古人」實屬「謬論」。

李斯接著將矛頭對準「諸生」，他進一步向秦王獻言說：「古時候天下混亂，沒有人能夠統一，因此諸侯亂作，歸根結柢就是以古非今，惑亂人心。如今陛下一統天下，位極人尊。而士人善其所學，對抗政令，在朝廷內部心中不滿，在百姓中間借古諷今。如果不嚴禁這種情況，則國家威信必然受損……」

李斯由一人推到一類人，由一類人推到一類人所幹的事，由事情推到詩書，然後又開列一張清單奏請秦始皇發布焚禁令。這一建議正中秦始皇下懷，於是便下令焚書，中國古代文化史上的一場空前的浩劫開始了。

根據李斯的建議，秦始皇向全國頒布「焚書令」：凡秦國以外的史書，除了博士館收藏的《詩》《書》《百家語》的書之外，其他都一律燒掉，醫藥、卜筮、種植一類的書籍，不在焚燒之列；若有再談論詩書者「棄市」。「以古非今者族」，官吏知情而不揭發的一樣治罪。焚書令下達三十天內拒絕焚燒書籍者處以黥刑。若有學法令者，以吏為師。

咸陽城內的一把火揭開了秦始皇焚毀文明的大幕。接著，這把火在全國各地熊熊燃燒。首先燒毀了除《秦記》以外的國家歷史檔案，不到30天，民間大部分的「違禁」書籍化為了灰燼，只

有皇家圖書館保留了一套比較完整的藏書。這是一筆無法彌補的損失。然而，焚書的大火、嚴酷的法令並沒有完全嚇住當時所有的儒生。他們想盡千方百計把書珍藏起來……

秦始皇焚書，是為了消除不同意見，統一人們的思想，是一種愚民政策，但究其實質是為了維護自己的皇權統治，使自己的統治長久下去，這是文化專制主義的重要表現。

這一場大火焚燒了大量古代文化典籍，使古代文化受到了嚴重的摧殘，這也結束了一個時代，即春秋以來「百家爭鳴、百花齊放」的時代，這個時代是中國古代文明史上絕無僅有的時代，是中華思想史和文化史上的一個黃金時代。

這場大火也揭開另一個時代，這就是中央集權的封建專制統治的時代。這也標誌著秦始皇的驕奢淫逸已經達到了臨界點，他已經由一位聰明睿智的政治英雄蛻化為專橫暴虐的「無道之君」。秦朝敗亡的徵兆也就由此顯現出來了。

如果說，焚書是由朝廷大臣爭議引起的一次書厄，那麼，坑儒卻是因皇帝的迷信造成的一場人禍。

秦始皇怕死是很出名的，他非常迷信，在妄想世代為帝的同時，也異想天開希冀長生不老，千方百計想尋找使人長生不死的藥。一些方士如徐福、盧生、侯生等為投其所好，編造了一些鬼神和不死之藥的謊言來敷衍愚弄這位迷信的暴君。

但神仙和不死藥畢竟無處尋覓，實在無法搪塞時，為逃避秦朝的嚴刑酷法，徐福、盧生、侯生都相繼逃亡，出國避難。

他們列舉了秦始皇的一系列罪狀，說他「剛戾自用」、「貪於權勢」、「樂以刑殺」、「不聞過而日驕」、「獨斷專行」，致使「天下畏罪持祿，莫敢盡忠」，不值得為他尋仙求藥。

秦始皇聽說此事後勃然大怒，他說：「吾前收天下書不中用

者,盡亡去;悉召文學方術士甚眾,欲以興太平;方士欲煉以求奇藥。今聞韓眾去不返,徐福等費以巨萬計,終不得藥,徒奸利相告日聞。盧生等吾尊賜之甚厚,今乃誹謗我,以重吾不德也。諸生在咸陽者,吾使人廉問,或為妖言以亂黔首。」

這位荒淫迷信的皇帝大施淫威,於是下令追查誹謗朝廷的儒生,御史大夫對京城的數百方士儒生進行審訊,經過這些方士儒生的互相告發,秦始皇親自把460多人處以死罪,坑殺在咸陽城郊,這就是「坑儒」事件。這一年是公元前212年。

除了坑殺於咸陽的460餘人外,同時還謫遷了一批人至北方邊地。事情發生後,秦始皇的長子扶蘇進諫說:「天下初定,遠方的黔首還沒有安下心來,諸位先生都誦法孔子,陛下重法繩之,臣恐天下不安。望陛下三思。」

秦始皇怒扶蘇多嘴,把他轟出咸陽,讓他到北邊的上郡(今陝西榆林東南)去執行監軍任務。

愚弄譏諷秦始皇的肇事者,明明是尋仙求藥未果的方士,但受難者為何卻是些誦法孔子的儒生呢?這固然與秦國自孝公以來的尊法賤儒的統治傳統有關,也和秦始皇昏聵暴戾的個人品質有關。秦始皇統一中國之後,為了維護自己窮奢極侈、荒淫腐朽的糜爛生活,維護「自上古以來未嘗有」的權勢,濫發徭役,橫徵暴斂,酷刑峻法,殺人如拾芥,把天下變成了一座大監獄。

「赭衣塞道,囹圄成市」,「自君卿之下,至於眾庶」,人人皆「懷自危之心」。

人民受到的剝削和壓迫遠遠超過了所能承載的極限,老百姓陷入苦難的深淵。秦王朝達到了「人與之為怨,家與之為仇」的地步。而儒家強調「民為貴、社稷次之、君為輕」,實行王道仁政的主張自然為暴君所不容。儒家書生依據儒家思想,批評譏諷

秦王朝暴虐的朝政，更為秦始皇深惡痛絕，早欲除之而後快。因此，秦始皇轉移矛頭，拿無辜的儒生出氣，進行打擊迫害，並不為奇。

然而，歷史發展卻不會因為秦始皇的倒行逆施而改變，就在秦始皇焚書後的三年，坑儒後的兩年，他自己就病死於沙丘。

這位幻想長生不老的一代暴君，僅活了50歲，便結束了他的一生，他企圖傳「至於萬世」的龐大王朝也「二世而亡」。倒是被他百般摧殘的儒家學說和儒家學派反而具有強大的生命力，燒不盡、坑不死，從稍後的漢王朝起，就取得了中國社會思想上的統治地位，歷經數千年而不衰。

焚書坑儒是秦始皇為了鞏固大秦帝國萬世一系的皇權統治而在文化及意識形態領域中實行專制統治、統一思想、鞏固政權所採取的措施，這種做法是殘暴的，也是愚蠢的，焚書坑儒並未真正起到鞏固秦王朝王權統治的目的，反而加速了它的覆亡！

# 寵信方士：執迷不悟尋找長生不老藥

秦始皇想讓自己的王朝千秋萬代，最簡便的方法就是他自己長生不老。所以自從秦始皇登上帝位以來，就很寵信方士，讓他們到處給自己尋找長生不老藥。

秦始皇第一次東巡山東，是在公元前219年（秦始皇二十八年）。這一次，秦始皇在泰山舉行完封禪大典後，率領群臣經歷下（今山東濟南）和齊故都臨淄（今山東淄博），沿著渤海南岸東赴黃縣（今山東龍口）。在黃縣停留期間，秦始皇召見了徐福。徐福奉命陪同秦始皇登萊山，祭月神。秦始皇一行人離開黃縣之後，到達山東半島最東端的成山頭（今山東省榮成市境內）。在返回的路上，秦始皇等人登上了芝罘島（今山東省煙台市芝罘區境內）；然後南行前往琅琊郡，並在那裡住了三個月。

就在秦始皇暢遊琅琊郡的時候，徐福等人上書說渤海中有三神山，名叫蓬萊、方丈、瀛洲。山上宮中住著許多仙人，還珍藏著一種人吃了可以長生不老的奇藥，他願求取獻給秦始皇。秦始皇正盼望著能吃上長生不老藥，於是很高興地批准了徐福的請求，命他帶著許多金銀財寶入海求取仙藥。

據說徐福第一次出海求仙，因風大浪急失敗而歸。他回來對秦始皇說：「臣在海中遇到海神，告知他來此求取延年益壽藥，海神嫌禮薄，只准參觀不許取藥。臣在蓬萊山見到靈芝生成的宮闕，宮中住著許多仙人，個個健康長壽，光彩照人，於是臣再拜

道：『用什麼樣的禮品來獻才能得到仙藥？』海神說：『以美好童男童女和各種工匠用具做為獻禮，就可以得到仙藥了。』」

秦始皇聽後，遂命徐福徵發童男童女、工匠用具前往求仙藥。

秦始皇第二次東巡山東，是在公元前218年（秦始皇二十九年）的春天。這一次，距上次東巡時間不到一年。秦始皇雖然在途中遭到韓國貴族張良派遣的刺客的伏擊，但他仍按計劃經黃縣直赴芝罘，然後再次住進琅琊行宮。這次因徐福入海求仙未歸，秦始皇沒有拿到長生不老藥，最後只好先返回咸陽。

秦始皇第三次東巡山東，是在公元前210年（秦始皇三十七年）。這次巡行的路線是由南向北，最後到達琅琊行宮。這時，徐福聞訊秦始皇駕臨琅琊，急忙從家鄉趕來面見秦始皇。徐福從第一次入海求仙到現在已有十年時間，耗資巨大，始終沒有求得仙藥。為了逃避懲罰，他只好向秦始皇說，長生不老藥本來可在蓬萊仙山求得，只是水神派大蛟魚守護無法近前取藥，請皇帝增派一些射箭能手同去。秦始皇求藥心切，當即批准了徐福的請求，命他選拔童男童女、各種工匠、弓箭手等入海求取仙藥。秦始皇為了給徐福求仙掃清道路，他一面派人帶著捕魚工具入海捕捉大蛟魚，一面自己帶上連發的弓弩準備與大蛟魚搏鬥。

秦始皇一行乘船從琅琊港出發，經榮成成山前往芝罘。一路上沒有什麼發現，直到臨近芝罘才看見一條大魚。秦始皇將大魚射殺以後，西航至黃縣北海岸的黃河營港。在此作短暫停留後，秦始皇等人乘船繼續西行，至萊州灣西岸的厭次縣（今山東陽信東南處）上岸。在返回咸陽的路上，秦始皇病死於沙丘平台（今河北平鄉境內），年僅50歲就離開人間，至死也沒吃上長生不老藥。徐福送走秦始皇以後，帶領著童男童女和五穀百工入海求仙，得平原廣澤，止王不來。

# 秦陵地宮：諸多謎底墓中藏

公元前210年夏，中國歷史上的第一個皇帝——秦王嬴政逝世，他被安葬在了一座巨大的陵墓中。這座陵墓在他生前就開始修建，前後共花了30多年時間，修陵頂峰時用的工人人數達到了70多萬。

## 前無古人、後無來者的秦始皇陵

帝王陵墓屬於帝國工程，建築豪華奢靡的陵墓是維護皇權、鞏固統治的一種手段。無論中外，有帝國必有帝王陵墓。在通常情況下，帝國越強盛，帝陵越宏偉。在中國歷史上，秦始皇驪山陵工程規模之大、耗費之巨，可謂前無古人、後無來者。

秦始皇陵坐落在今陝西臨潼城以東5公里處的宴寨鄉，南依驪山，北臨渭水，遠遠望去就像一座巍峨的山丘，從空中看猶如一座巨大的金字塔。它是中國歷史上第一座最為豪華的皇帝陵園。

秦始皇陵的佈局和結構完全仿照秦都咸陽設計建造，高大的封土丘之下的地宮象徵著富麗堂皇的皇宮，陵園的內城和外城象徵著咸陽的宮城和外郭城。陵園和從葬區總面積達66.25平方公里，比現在的西安城區的面積還要大。

秦始皇自13歲即位就開始為他在驪山修建陵墓，統一六國後，又從各地徵發了10萬多人繼續修建，直到他50歲死去，共修

秦始皇陵

了37年。

　　據史書記載，秦始皇陵挖於泉水之下，然後用銅澆鑄加固。墓宮中修建了宮殿樓閣和百官相見的位次，放滿了奇珍異寶。為了防範盜竊，墓室內設有一觸即發的弩機暗箭。墓室穹頂上飾有寶石明珠，象徵著天體星辰；下面是百川、五嶽和九州的地理形勢，用機械灌輸了水銀，象徵江河大海川流不息，上面浮著金製的野雞；墓室內點燃著用鯨魚油製成的「長明燈」。陵墓周圍佈置了巨型兵馬俑陣。陵墓的設計處處體現了這位始皇帝至高無上的權力和威嚴。秦始皇的陵邑、陵園、陵冢、寢殿、地宮、寺吏舍、陪葬墓及各種陪葬坑，模擬天地、國家、皇宮、政府、軍隊、臣民、苑囿等，形成一個完整的冥世帝國。

　　秦始皇陵園是在戰國君王陵寢制度的基礎上創建的。秦始皇繼承前代制度並多有創新，他通過修築驪山陵形成了許多影響深遠的帝陵制度，如封樹制度、陵邑制度、園寢制度等。秦漢時期

的帝王之陵以秦始皇驪山陵的封土規模最大。秦始皇還命名自己的陵冢為「山」。秦始皇的陵冢呈覆斗狀，全部由人工積土成山，精心夯築而成。陵冢原高五十丈（約115米），陵基東西長約485米，南北寬約515米。經兩千多年的風雨侵蝕和人為破壞，至今尚保存高76米、寬350米、長345米的夯土陵丘。

秦始皇建立了陵邑制度和園寢制度。他「因徒三萬家麗邑」，令大量關東之民到陵園附近居住。這些居民的任務是修建、維護皇帝的陵園。考古勘察表明，「驪山園」仿照都邑建造，是一座由內外兩重園垣圍成的陵園。內城、外城四面有門，門上有闕樓，其規模也比漢代為大。在陵園的北側和西側建有大片地表建築，模仿生前宮殿的「前朝後寢」制度。

面對著秦始皇陵，這座象徵著秦都咸陽的陵園，象徵著咸陽內外城的陵園內外城垣，象徵著咸陽宮的地宮陵寢，象徵著首都禁衛軍兵馬俑軍陣陣形，象徵著天子苑囿的珍禽異獸葬坑等，人們不得不承認秦始皇帝陵是古人留給後世的一筆寶貴財富，它是古代勞動人民智慧的結晶與象徵。然而，秦帝國人民為此所付出的代價卻是太大了。

## 秦始皇陵及地宮之謎

公元前221年，秦始皇統一天下，建立了當時世界上最強大的國家。這位在生前驕橫跋扈、性情不定的皇帝，在死後留下的陵墓依然撲朔迷離，成為中國考古史上最重要、最難破解的謎團之一。

恢弘浩大的秦始皇陵寢神祕莫測，千百年來圍繞著秦陵地宮更是引發了許多神奇的傳說故事。《三輔故事》記載，楚霸王項羽入關，曾以30萬人盜掘秦陵。在挖掘過程中，突然一隻金雁從

墓中飛出,這隻神奇的飛雁一直朝南飛去。斗轉星移過了幾百年,三國時期寶鼎元年,有人送隻金雁給名叫張善的官吏,他立即從金雁上的文字判斷此物出自秦始皇陵……這類神奇的傳說更是給秦始皇陵蒙上了一層神祕的色彩。

秦始皇陵的確是一座充滿了神奇色彩的地下「王國」。那幽深的地宮更是謎團重重,地宮形制及內部結構至今尚不完全清楚,千百年來引發了多少文人墨客的猜測與遐想。這些令人費解的懸念和謎團也一直困擾著專家學者們。

從1962年起,考古工作者開始對秦始皇陵進行考古勘察。經探測,陵園範圍達56.25平方公里,相當於近78個故宮的面積,這麼大面積的陵園在世界上也屬罕見。

1974年,秦始皇陵再一次震驚了世界。人們在它的東側挖出了一個巨大的兵馬俑坑,成百上千個比真人還要高大的陶俑出土,轟動了整個世界。第一個被發現的兵馬俑坑被命名為1號坑,它的面積達到1.4萬多平方米。然而,10個兵馬俑1號坑的面積才相當於一個地宮的面積。

考古學家預言,地宮作為秦始皇陵的核心宮殿,它的價值將不可估量。然而,幾十年來,地宮之謎一直困擾著考古學界,人們始終沒有探明它的準確方位。今天,我們只能根據太史公司馬遷的記載,尋找能揭開秦陵地宮之謎的種種蛛絲馬跡。

〔謎團一〕秦皇陵封土取自何處?

秦始皇陵封土堆呈覆斗形,高76米,長和寬各約350米,如此大規模的封土堆在國內堪稱之最。但體積龐大的封土究竟取於何處?是取自秦始皇墓中,還是挖自魚池一帶?

在臨潼地區長期流傳著一種說法,認為封土堆的土是從咸陽運來的,因經過燒炒,所以陵上寸草不生。

《史記‧秦始皇本紀》：「覆土驪山。」《正義》曰：「謂出土為陵，即成，還覆其土，故言覆土。」意思是說把原來從墓穴中挖出來的土，再回填到墓上去。

《水經‧渭水注》說：「始皇造陵取土，其地污深，水積成池，謂之魚池。池在秦始皇陵東北五里，周圍四里。」經過實地考察，考古學者們在始皇陵封土東北2.5公里的魚池村與吳西村之間，果然找到了這處地勢低窪、形狀不規則的大水池，有人曾估算魚池總面積達百萬平方米。酈道元「取土於魚池」的說法得到了不少考古專家的認可。

然而有的學者卻提出了質疑，他們認為，在對封土堆進行鑽探中，提取了大量的土樣，發現土中含雜著大量的沙石，而取自魚池裡的土卻是純淨的黃土，且黏性強，極少含有沙石。因此，取土於魚池一說值得商榷。

考古學家通過對秦陵陵區高光譜遙感探測中，在秦陵南部的驪山腳下發現了一處南北走向串珠狀的巨型凹陷。經實地勘查，他們發現這個深達30米的巨型凹陷處於山間沖積扇的緩坡上，與周圍地形特徵格格不入，且有明顯人工挖掘的跡象，而凹陷的土質也與封土相同。不過從驪山取土的說法的確是個新推斷，還要通過體積還原計算和對比才能最後定論。

〔謎團二〕「旁行三百丈」究竟何意？

史料《漢舊儀》一書中有一段關於修建秦陵地宮的介紹：公元前210年，丞相李斯向秦始皇報告，稱其帶了72萬人修築驪山陵墓，已經挖得很深了，好像到了地底一樣。秦始皇聽後，下令「再旁行三百丈乃至」。「旁行三百丈」一說讓秦陵地宮位置更是撲朔迷離。有人說地宮巡遊通道遇阻改了方向，也有人說地宮初挖點向北移了700米。

專家們運用遙感和物探的方法分別進行了探測，證實地宮就在封土堆下，距離地平面35米深，東西長170米，南北寬145米，主體和墓室均呈矩形狀。地宮雖然被定位，但史料記載「旁行三百丈」究竟何意？

史料記載，秦始皇生前多次巡行全國，向南到了洞庭湖、浙江的會稽山，向東走到了山海關、渤海灣，西北方向則是到了寧夏。

《漢書・賈山傳》對秦陵地宮也有所描述：被以珠玉，飾以翡翠，中成觀遊，上成山林。「中成觀遊」即巡遊天下的意思，可在地宮裡如何實現巡遊？就只有修挖四通八達的通道了。

而封土堆南部緊挨驪山，由於山間沖積扇的原因，山下的地層中分布著厚層的礫石，修陵人從地宮向南挖巡遊通道時，遇到了大礫石，最後不得不順著礫石層改向挖掘，即所謂的「旁行三百丈」。

考古學者在秦陵區進行探測時，發現在封土堆南約700米處出現了重力異常的現象，按地質理論說明該異常區與周圍土質存有差異。據推斷，秦始皇陵地宮最初挖掘點可能位於這個異常區，因土中含有大量礫石，修陵人無法挖掘，只好向北移到了目前封土堆的位置。

〔謎團三〕司馬道走向未有定論？

古時，帝王在世時專用的道路叫「御道」，而死後特意為其專修的道路就叫「神道」，也叫司馬道。司馬道一般也是帝王陵墓的中軸線，具有重要的考古意義。

許多考古專家都認為，秦陵的司馬道為東西走向，即陵園面向東。並給出了三個論據：其一，陵墓南、北各有一條通道，唯有東邊有五條通道，這說明東邊是主要通道，即始皇陵墓的方向

為東西向；其二，從陵園的整個佈局及地理環境方向來看，只有陵東側地勢開闊，符合古代選擇墓向「明堂要清」的要求；其三，墓葬和陵園為東西向是秦人故有的習俗。

也有專家指出，陵園內外城垣唯有東門規模最大；唯有東側的陪葬坑不但規模宏大，而且多與軍事內容有關。

而從整個陵園的地形特徵看，陵園南高北低，背依驪山，俯視渭河，南北高差達85米，陵園面向北是再合適不過了。同時，其他國君大多將封土堆安置在回字形陵園的中部，而秦始皇陵的封土堆卻位於內城南半部，從對稱角度講，司馬道東西走向似乎是說不通的。

在對形成的遙感圖像中，考古學者們也驚奇地發現，如果把封土堆與驪山主峰——望峰連線，竟然與南北子午線完全重合。再向北，魚池遺址旁秦時修建的大壩竟然也正在這條子午線上，這應該不是巧合。

除了地理環境原因，在封土堆西側，學者們發現了大面積的溫度異常區域，考古人員證實其下為一片大型陪葬坑，共有6個陪葬坑。而在陵園裡至今還沒有發現一處大型文官的陵墓，而絕大多數都與「武」有關。據考古人員推測，那片異常區很可能就是大名鼎鼎的秦相呂不韋的陵墓。

〔謎團四〕陵墓的朝向為何為坐西向東？

據考古勘探，以及對墓道兵馬俑位置的判斷，人們得出這樣一個結論，秦始皇陵墓的朝向為坐西向東。這是一個奇特的佈局。眾所周知，我國古代以朝南的位置為尊，歷代帝王的陵墓基本上都是坐北朝南的格局，而統一天下的秦始皇，為什麼願意坐西向東呢？

有人認為，秦始皇生前派遣徐福東渡黃海，尋覓蓬萊、瀛洲

諸仙境,並多次親自出巡,東臨偈石,南達會稽,在琅琊一帶流連忘返,這一切無不昭示其對仙境的迫切嚮往。可惜徐福一去杳無音訊,秦始皇親臨仙境的願望終成泡影。生前得不到長生之藥,死後也要面朝東方,以求神仙引渡而達於天國,大概這就是暮年秦始皇的最大願望。基於此,秦始皇陵也就只能坐西向東去盼著了。

有人認為,秦國地處西部,為了彰顯自己征服東方六國的決心,秦王嬴政初建東向的陵墓併吞六國之後,為了使自己死後仍能注視著東方六國,所以我們看到的陵墓只能是東西朝向。

還有人認為,秦始皇陵坐西向東,與秦漢之際的禮儀風俗有關。根據有關文獻記載,當時從皇帝、諸侯到上將軍,乃至普通士大夫家庭,主人之位皆坐西向東。秦始皇天下獨尊,為了保持「尊位」,陵墓的朝向可想而知。

其實,讓人不解的不僅是秦始皇陵墓的朝向。據考察,陝西境內已發掘的917座秦墓,絕大部分都是東西向。秦公陵園的32座大墓,也全部面向東方。秦人葬式的這一特點,越是早期越為明顯。是什麼原因讓秦人採取這東向的葬式呢?

有人認為,由於東方是秦人祖先曾經勞動、生活過的地方,他們對東方懷有特殊的感情,然而東西懸隔,路途遙遠,其間又強敵林立,「葉落歸根」的希望非常渺茫,因而採用朝向東方的葬式,以示不忘根本。

也有相反意見認為,秦人採用「頭朝西方」的葬俗,是想彰顯他們來自中國西部。但如果頭西足東的葬式表示秦人來自西方的話,那麼華夏諸族流行的北首而葬之俗,是否說明他們來自北方呢?

現代文化學與民俗學研究者提出了新的見解,認為秦人流行

的西首而葬之俗和他們曾流行過的「屈肢葬」一樣，與甘肅地區的古代文化或某種原始宗教信仰有關。

比如「白馬藏人」對本民族盛行的西首葬的解釋是，日落歸西，人亦隨太陽走。也許，秦人對他們的葬式，也有本民族特有的解釋。一切都不得而知。

〔謎團五〕秦始皇陵地宮深幾許？

地宮是放置秦始皇棺槨和隨葬器物的地方，兩千多年來，深藏地下的地宮構成了先秦文化中最大的謎團之一。

關於秦陵地宮最早的歷史文獻記載是司馬遷的《史記》：「始皇初繼位，穿治驪山，及並天下，天下徒送詣七十萬人，穿三泉，下銅而致槨，宮觀百官奇器珍怪徙臧滿之。令匠作機弩矢，有所穿近者，輒射之。以水銀為百川江河大海，機相灌輸，上具天文，下具地理。以人魚膏為燭，度不滅者久之。」

司馬遷展示了始皇陵的情景，穿三泉而建的地宮充滿窮奢豪華的陪葬品，有以水銀來表現的百川大海，有防止盜墓的機關弩矢，宮頂裝飾天文星宿之象，地上模擬統一後的中國疆域，還有用鯨魚油做成的長明燈，照亮了整個地宮，經久不息……

根據司馬遷的記載，地宮就如同秦始皇生前的宮室一樣。秦始皇是一個永不服輸的人，即使到了地下，他仍然繼續著「千秋萬世」的夢想。

司馬遷說「穿三泉」，《漢舊儀》中則說「已深已極」。說明地宮深度挖到了不能再挖的地步，那麼地宮究竟有多深呢？

地宮的深度是研究者們爭議最大的地方。有人推測秦陵地宮深度為500至1500米。其實地宮並沒有這麼深，試想，如果地宮深度超過了1000米，超過了陵墓位置與北側渭河之間的落差，地宮之水就難以排出，甚至還會導致渭河之水倒灌秦陵地宮的危

險。

根據考古研究發現，秦陵地宮果然沒有那麼深。秦陵地宮總面積41600平方米，東西實長260米，南北實長160米，相當於5個國際足球場大小。地宮坑口至底部實際深度約為26米，至秦代地表最深約為37米。這是依據目前勘探結果的推算，具有較大的可信度，但是不一定正確，還有待進一步驗證。

考古人員還發現在秦陵周圍地下存在長約千米的阻排水渠，底部由厚達17米的防水性強的清膏泥夯成，上部由84米寬的黃土夯成，規模之大讓人難以想像。阻排水渠設計相當巧妙。秦始皇陵園地勢東南高西北低，落差達85米，而阻排水渠正好擋住了地下水由高向低滲透，有效保護了墓室不遭水浸。

有專家推測，《史記》中記載的「穿三泉」中，「三」其實是個概數，其實應該是指在施工中遇到了水淹，所以才修建了阻排水渠。

〔謎團六〕地宮設有幾道門？

偌大一個地宮到底有幾道墓門呢？《史記》記載：「大事畢，已藏，閉中羨，下外羨門，盡閉工匠藏，無復出者。」這裡提及中羨門、外羨門，而內羨門是不言自明的。

從這可看出，棺槨及隨葬品全部安置放在中羨門以內。工匠正在裡面忙活著，突然間「閉中羨門，下外羨門」，工匠「無復出者」，也成了陪葬品。這裡涉及既有中羨門，又有外羨門，其中內羨門不言自明。地宮三道門似乎無可辯駁。

值得注意的是《史記》中羨門用了個「閉」字，外羨門則有了個「下」字，說明中羨門是可以開合的活動門，外羨門則是由上向下放置的。內羨門可能與中羨門相似。三道羨門很可能在一條直線上。

〔謎團七〕「上具天文，下具地理」作何解？

司馬遷在《史記》中記載「上具天文，下具地理」又怎樣解釋呢？

著名考古學家夏鼐曾推斷說：「『上具天文』應當是在墓室頂繪畫或線刻日、月、星象圖，可能仍保存在今日臨潼始皇陵中。」近年來，漢墓考古中發現了類似於「天文」、「地理」的壁畫。上部是象徵天空的日、月、星象，下部則是代表山川的壁畫。因此可以推斷，秦始皇陵地宮上部可能繪有或刻塑有更為完整的二十八宿等星圖，下部則是以水銀為代表的山川地理。

〔謎團八〕墓室中果真有水銀嗎？

秦始皇陵以水銀為江河大海的記載見於《史記》，不過《漢書》中也有類似的文字。然而，這個陵墓中究竟有沒有水銀始終是一個謎。

《史記・秦始皇本紀》記載，地宮內「以水銀為百川江河大海」。現代科技的發展為驗證秦陵地宮埋水銀這一千古懸案提供了必要的前提條件。

經現代科技手段探測證明，地宮內的確存在著明顯的強汞異常反應，封土中的汞異常是地宮大量存在的水銀揮發造成的，其分布為東南、西南強，東北、西北弱，呈有規律的幾何形，秦始皇曾親自到過渤海灣，所以他很可能把渤海勾畫進自己的地宮。如果以水銀的分布代表江海的話，這正好與我國渤海、黃海的分布位置相符。

如果被證實，說明秦代時對中國地理就有了調查和研究，這也是個新發現。這也證明了《史記》「以水銀為百川江河大海」的記載。在我國古代，煉丹家已掌握了將硫化汞分解得到水銀的方法。如果始皇陵地宮中以水銀為百川、大海，估計至少使用了

一百噸水銀。

那麼，秦始皇為何要在地宮埋入大量水銀呢？北魏學者酈道元的解釋是「以水銀為江河大海，在於以水銀為四瀆、百川、五嶽、九州，具地理之勢。」他的意思是，以水銀象徵山川地理，與「上具天文」相對應。

這些數量巨大的汞礦是從哪裡來的呢？據考證，四川東南一帶是春秋戰國時期汞礦的主要產地。當時川東南一帶的汞礦跨長江、溯嘉陵江而上，走巴山，過漢水，經過千里棧道運到關中，其艱辛可想而知。

秦始皇以水銀為江河大海的目的，不單是營造恢弘的自然景觀，在地宮中彌漫的汞氣體還可使入葬的屍體和隨葬品保持長久不腐爛。而且汞是劇毒物質，大量吸入可導致死亡，因此地宮中的水銀還可毒死盜墓者。除此用意外還有沒有其他用意呢？這還有待進一步考察研究。

秦始皇的夢想，就是在這座有著象徵天、地的地下「王國」裡，自己死後的靈魂照樣可以「仰觀天文、俯察地理」，統治著這裡的一切。

〔謎團九〕地宮珍寶知多少？

「奇器珍怪徙藏滿之」一語出自司馬遷筆下。而早於司馬遷的大學者劉向也曾發出過這樣的深切感嘆：「自古至今，葬未有如始皇者也。」那麼，這座神祕的地下宮殿裡珍藏了哪些令世人嘆為觀止的珍寶呢？

《史記》中明文記載的有「金雁」、「珠玉」、「翡翠」等。其他還有什麼稀世之寶誰也不清楚。

20世紀80年代末，考古工作者在地宮西側發掘出土了一組大型彩繪銅車馬。車馬造型之準確，裝飾之精美舉世罕見。之前，

考古工作者還發掘出土了一組木車馬，除車馬、御官俑為木質外，其餘車馬飾件均為金、銀、銅鑄造而成。地宮外側居然珍藏了如此之精美的隨葬品，那麼，地宮內隨葬品之豐富、藏品之精緻是可想而知的。

〔謎團十〕秦始皇使用的是銅棺、還是木槨？

生前聲威赫赫，死後也隨葬了無數奇珍異寶，那麼秦始皇使用什麼樣的棺槨呢？這是人們非常感興趣的問題。遺憾的是《史記》與《漢書》均未明確記載，太史公司馬遷只留下一句「下銅而致槨」的含糊記錄。於是有學者據此得出秦始皇使用的是銅棺。但從文獻記載而言，秦始皇未必使用的是銅棺。

《史記》、《漢書》明文記載：「冶銅錮其內，漆塗其外。」、「披以珠玉，飾以翡翠。」、「棺槨之麗，不可勝原。」

這裡「漆塗其外」、「飾以翡翠」的棺槨恐怕只能是木質的了。如果是銅棺或石棺漆塗其外豈不是多此一舉，而只有木棺使用塗漆才有其合理性。

從先秦及西漢的棺槨制度考察，使用「黃腸題湊」的大型木槨是當時天子的特權。除非有皇帝特賜，個別功勳卓著的大臣和皇親國戚才可使用。自命功勞大過三皇五帝的秦始皇怎麼可能放棄「黃腸題湊」的木槨而改用其他棺槨呢？

所謂「黃腸」指堆疊在棺槨外的黃心柏木枋，「題湊」指木枋的頭一律向內排列。「黃腸題湊」指西漢帝王陵寢槨室四周用柏木枋堆疊成的框形結構。「黃腸題湊」一名詞最初見於《漢書·霍光傳》，根據漢代禮制，黃腸題湊與玉衣、梓宮、便房、外藏槨同屬帝王陵墓中的重要組成部分。

〔謎團十一〕地宮內有沒有空間？

秦陵地宮為豎穴式，墓內可能有「黃腸題湊」的大型木槨。如果是豎穴木槨墓，墓道及木槨上部都以夯土密封。這樣一來，墓室內外嚴嚴實實，不會再有空間。然而，陵墓主持者之一李斯則說：「鑿之不入，燒之不燃，叩之空空，如下無狀。」

如果李斯的這段話記載無誤，那地宮明顯有個外殼。按理這段話不會有假，因為李斯曾以左丞相身分親自主持過陵墓工程，對地宮的構造了如指掌。加之這段話是當面向聖上彙報的，應該說不會有摻假嫌疑。

如果按李斯所言可以推斷秦陵當是一座密封的、真空的大地堡式地宮。不然，怎麼會「叩之空空」？又怎麼會「燒之不燃」？

如按文獻記載推理，地宮應該是空的，且有較大的空間，但由於考古勘探尚未深入到地宮的主要部位，所以地宮內部究竟是虛是實目前仍是個謎。

〔謎團十二〕地宮中真的有自動發射器嗎？

秦始皇在防止盜墓方面也苦費心機。《史記》記載，秦陵地宮「令匠作機弩矢，有所穿進者輒射之。」指的是這裡安裝著一套自動發射的暗弩。如果記載屬實的話乃是中國古代最早的自動防盜設備。

秦代曾生產過連發三箭的弓弩。但是安放在地宮的暗弩當是一套自動發射的弓弩，當外界物體碰到弓便會自動發射。2200多年前的秦代如何生產如此高超的自動發射器也是一大謎。

〔謎團十三〕秦始皇屍骨是否保存完好？

不管是銅棺還是木槨，肯定都是當時條件下最為珍貴的，那麼，放置於其中的秦始皇的遺體是否完好保存下來呢？這也是牽動人心的一大謎題。

20世紀70年代中期,長沙馬王堆漢墓「女屍」的發現震驚中外。其屍骨保存之完好舉世罕見。由此,有人推測秦始皇的遺體,也很有可能被完好地保存了下來。

如果單從遺體保護技術而言,相距秦代不足百年的西漢女屍能很好地保護下來,秦代也應具備保護遺體的防腐技術。但問題是秦始皇是死在出巡途中,而且當時正值酷暑。屍體未運多遠,便開始腐爛併發出了熏人的惡臭味,為了防止臭味擴散,走漏「風聲」,趙高、胡亥還派人將鹹魚與屍體放在一起以亂其臭。這樣經過50餘天的長途顛簸,至九月才將屍體運回咸陽發喪。

秦始皇由死到下葬,間隔近兩個月。根據當時遺體保護經驗,遺體保護須死後即刻著手處理,稍有延誤,等到屍體本身開始變化就無能為力了。秦始皇遺體途中就開始腐爛,屍體運回咸陽恐怕等不到處理早已面目全非了。據此推測,秦始皇遺體保存

秦始皇兵馬俑

完好的可能性很小。

〔謎團十四〕秦始皇為何要在地宮內建造兵馬俑軍陣？

發現於20世紀70年代中期的秦始皇陵兵馬俑，被譽為世界第八大奇蹟，是世界上最大的地下軍事博物館，至今仍令無數中外遊客嘆為觀止。

如果說秦始皇當年修造這麼多的陶俑、陶車、陶馬是用來作為自己的陪葬，那他為什麼要以如此規模宏大、嚴整有序的兵馬俑軍陣陣形的形式來陪葬呢？對於這個問題，大多數的學者認為秦兵馬俑是秦始皇陵的一部分，反映的是秦始皇生前的軍事情況，但在具體問題上觀點又不一致。

有的學者認為，秦始皇陵實質上是按古代禮制「事死如事生」的要求特意設計的。因為秦始皇即位後，用了大部分的精力和時間進行統一全國的戰爭。當時他率領千軍萬馬南征北戰，從而併吞了六國，統一了天下。為了顯示他生前的功績，以軍隊的形式來陪葬似乎是一種必然。

有的學者認為，秦俑坑出土的這支秦代軍隊的大型群雕是秦始皇創建和加強中央集權的象徵。秦俑坑大批兵馬俑的軍事陣容，正是秦始皇統治下強大的軍事實力的形象記錄。在一定意義上也可以說，它是秦始皇東巡衛隊的象徵。

有的學者認為，秦兵馬俑坑象徵著駐在京城外的軍隊，可稱之為宿衛軍。以戰車、步兵相間排列的一號兵馬俑軍陣為右軍，以戰車和騎兵為主的二號兵馬俑坑為左軍，未建成的廢棄坑當為四號坑，即擬議中的中軍，三號兵馬俑坑是統帥右、左、中三軍的幕府。俑坑本身象徵著屯兵的壁壘。三軍拱衛京師，是秦始皇希圖加強中央集權維護一統江山的反映。有的學者則否定了「三軍」之說，認為不存在四號坑的問題，秦俑軍陣是由正、奇兵和

指揮部組成的軍陣。

有的學者認為，秦始皇陵兵馬俑軍陣乃一項未竟工程，全部建成應有5萬兵馬俑坑。這個龐大的軍陣按前、後、左、右、中配置兵力，實為秦代「乘之」所演習的八種陣法中最基本的陣法方陣。方陣陣法的特點之一是「薄中而厚方」，中軍兵精而少，接敵的外圍四隊兵力較多。秦俑軍陣正是按照「薄中而厚方」的方陣法來配置兵力的。

還有學者認為，兵馬俑三坑，不是象徵左、中、右三軍，而是反映秦代中央軍的三個組成部分。一號坑是反映衛尉統轄的宮城衛士，或稱之為南軍；二號坑是反映中尉統領的京師屯戍兵，可稱之為北軍；三號坑絕非人們通常說的指揮部，它應該是象徵郎中令統領的宮廷侍衛郎衛。

對於三號坑，有人認為是軍伍社宗，是用來進行軍祭的，是作為在軍祭祖的對象的社主和遷主以及安置社祖二主的地方；對於二號坑，有人提出是四獸陣，即彎兵陣為朱鳥陣，戰車、步兵、騎兵混合陣為玄武陣，騎兵戰車組成的陣為青龍陣，戰車陣為白虎陣。

有的學者認為，兵馬俑軍陣為《尉繚子》所云的「常陣」。有的學者認為，兵馬俑軍陣就是為始皇帝送葬的俑群。

雖然，秦始皇在地宮內建造兵馬俑軍陣究竟是出於何種目的一時還無法確證。但可以肯定的是，秦始皇陵兵馬俑創造了一個歷史的奇蹟，它是秦始皇大帝留給後世的一筆物質財富，也是中華民族，乃至是全世界最為寶貴的藝術瑰寶。

〔謎團十五〕地宮中為何不見皇后的陵寢？

從秦始皇陵的佈局來看，內外城牆、寢殿、官署、珍離異獸坑、馬廄坑等反映現實生活的設施和用具應有盡有，安排十分嚴

密。但至今令考古工作者不解的是陵園內沒有發現皇后陵寢。

有人認為，這是由於秦始皇死後而皇后仍健在，因此，倉促之中皇后未能安葬在陵園內。但如果真是這樣的話，在陵園內也應該預留下皇后陵的位置，而始皇陵園內已無皇后陵的插足之處。

也有人推測，這可能是由於秦始皇未成年時，太后專權，淫亂後宮，與宦官結黨釀成叛亂，秦始皇有鑒於此，在親理朝政後有意降低皇后的身分，不使她拋頭露面，在修築陵園時也是一墓獨尊，不留皇后的墓穴。從古代文獻來看，也的確不曾見到關於秦始皇皇后的記載，秦始皇究竟是否立過皇后，如果立過，他的皇后究竟是誰，這至今還是個未解之謎。

〔謎團十六〕火燒秦陵僅僅是一種燎祭方式，還是項羽所為？

千百年來，歷史上一直存在著楚霸王項羽火燒阿房宮和秦始皇陵的說法。但從《史記》「火燒秦宮室，火三月不滅」的記載中可以看出，作風嚴謹的司馬遷並沒有提到項羽曾焚燒秦陵，但許多學者仍舊認為項羽火燒秦陵的可能性最大。那麼，項羽是否真的火燒秦陵呢？

根據最新的阿房宮遺址考古挖掘發現，前殿遺址20萬平方米的勘探面積內只發現了幾處火燒土遺跡。專家認為，這表明歷史上有關項羽放火焚燒阿房宮的記載是不準確的，媒體也紛紛展開了「項羽沒燒阿房宮」的報導。

根據遙感探測，考古人員也發現了秦陵區內有大面積的火燒土分布，同樣考古人員在對秦陵陪葬坑的挖掘中也發現了大量火燒土和殘餘焦木。在對秦始皇陵陪葬坑的挖掘中，考古人員在1號坑和2號坑也發現了火燒土，但在3號坑中卻沒有發現，但也不能就此斷定秦陵沒有遭到大面積的火燒，具體情況還需進一步挖

掘、研究。

如果是項羽火燒了秦陵，那麼陪葬坑裡的珍寶為什麼沒有被運走？珍禽異獸坑雖然遭到了火燒，但坑內卻完好保存著精美的銅鶴、銅鵝、銅鴨子等，這也確實讓人費解。

因此，專家推斷，火燒陵墓很可能是當時的一種祭祀方式，即所謂的燎祭，這在發現的秦代陵墓中並不少見。

以上謎團只是秦陵地宮眾多謎團之冰山一角。隨著我國考古研究工作的深入和高科技探測技術的實際運用，秦陵地宮終有一天將再次震驚全世界。

「竹帛煙消帝業虛，關河空鎖祖龍居。」秦始皇帶著「萬世一統」的美夢告別了他精心構築並為之奮鬥一生的宏偉基業。但「祖龍雖死秦猶在」，他雖沒料到大秦統治會在二世的手中就終結了，但他「萬世一統」、「永偃戎兵」的英明卓見，卻恩澤後人、永世不息。

# 秦始皇嬴政的履歷書

**始皇帝**：名嬴政。莊襄王子。十二歲即秦王位,由仲父呂不韋攝政。親政後滅六國,稱始皇帝。在位37年,其中稱王25年,稱帝12年。病死,終年50歲。

**生卒時間**：公元前259——公元前210年

**安葬之地**：葬於驪山(今陝西臨潼東北)。

**性格特點**：嬴政屬虎,性格也很像虎。他的重要輔佐尉繚曾這樣描述說:秦王生得高鼻子、長眼睛,胸膛像鳥似的鼓著。對人沒感情,揣著顆虎狼心。當他還沒達到目的時,對人還算謙和,可一旦得志,就能吃人!如果讓他得了天下,天下人就都成了他的俘虜了!只幾句話就把他的相貌、性格屯勒得極為恰切。

**歷史功過**：他統一了六國,廢封建、改郡縣。做到了車軌、文字、貨幣、度量衡天下一致。對中國各族文化的融合,對中國版圖的確立,都有著不可磨滅的功績。可是,他掃平海內後,實行苛政峻法、焚書坑儒、大興土木、肆意揮霍、迷信邪數、夢想長生,致使怨聲四起、哀鴻遍野,所以他死後不久,秦王朝就淹沒在農民起義的火海中……

**史家點評**：統一中國、功勳赫赫,苛政如虎、千夫所指,為中國歷史上的偉大暴君。

# 一

　　周天子實行分封制，中原大地羅列著大小數百上千個國家。它們相互攻伐、吞併，無一天止息，老百姓生活在水深火熱中。最後它們間的爭奪更趨激烈。就在嬴政降生前不久，秦、趙兩國剛剛結束了長平大戰。這次戰爭以趙國的失敗而告終，趙卒光被活埋的就有四十萬！

　　為了一時的利益，七國有時結盟，有時攻戰，聚散只在瞬息。為了表示誠心，除了信誓旦旦外，還相互派出自己的骨肉到盟國為質。嬴政的父親異人就是秦國派往趙國為質的。

　　秦國當時是最大最強最富的國家。可是在趙為質的異人生活得並不好。他沒有好衣服穿，沒有馬車坐，除了一個僕人趙升（趙高的父親）外，什麼也沒有。在邯鄲的各國質子有一大堆，窘迫至此的幾乎沒有。異人的父親安國君，是當政的秦昭王立的太子，他有十幾個兒子。對秦昭王來說，像異人這樣的孫子更是數也數不過來。他們把孩子送出去了，就再也不顧他們的死活。

　　然而，這時卻有一個人正在注視著這個窮困潦倒的異人，他就是呂不韋。

　　呂不韋是衛國人，生得一表人才，風流倜儻，既有智慧更是野心勃勃，他那一雙眼睛把那個紛亂的天下看透了。他不是貴族，手中也沒有兵權。但他明白撬動天下的除權勢和軍隊外，還有兩根槓桿，那就是金錢和女人。於是他開始經商。他販賣的東西是當時各國最需要的物資，如鹽鐵布匹藥材等等，幾年後他就富可敵國了。他對父親說：幹這樣的買賣雖然可以獲利，但遠不理想，他要去做「定君立國」的大生意！父親卻說：「弄不好那是要掉腦袋的！」

可是呂不韋既然想好了，就勇往直前地去幹了。

他認真研究各國的形勢後，認定可以一天下者，非大秦莫屬。等他把秦國朝廷了解透徹以後，就把目標鎖定在異人身上，認為這是「奇貨可居」。

由於連年打仗，各國耗在戰爭上的錢，不可估量。於是呂不韋就成了各國朝廷的貴賓。有了這樣的身分和地位，呂不韋很容易就結交上了秦公子異人。他把大量金錢花在異人身上，從此，異人有了最時新的衣裳，有了最豪華的馬車，有了連片的宅第，宅第裡僕婦成群。過去，他不敢接受別國公子的宴請，因為他窮得沒有錢回請。現在行了，他可以與各國公子來往，而且常常是一擲千金。

呂不韋教導他，可以利用金錢做些善事、義事，以提高自己在各國公子中的地位。異人是個好學的人，有些學問，他做起這些事來游刃有餘，不多久，他在邯鄲就成了很有影響的人物了。

異人在十多歲時，就到各國去做質子了，因為飽受戰亂之苦，對殘酷的戰爭是深惡痛絕的。在集會上，他常常發表反戰演說，剖析戰爭的危害，由於他來自強大的秦國，秦國在戰爭中往往又是勝利者，他的態度，影響當然是巨大的。

呂不韋有個小妾，名叫趙姬，生得月容花貌，歌舞琴棋無所不精。每次異人到呂府拜訪，都是由趙姬侍奉。異人二十幾了，還沒婚配。以前在齊國為質時，曾經與一個齊姬同居過，可是人走茶涼，早就不通音訊了。現在，面前有這麼個妙人兒，怎不招惹得他渾身火灼呢。異人的眼睛就從沒離開過趙姬。

這些，呂不韋都看在眼裡。

呂不韋在家鄉有妻妾，每到一處地方，也絕不孤守空房。這個趙姬就是他在邯鄲街上發現的。當時，趙姬正在街頭賣唱，呂

不韋一眼就看上了，花重金把她「買」回家來，愛若珍寶。現在她已懷孕在身。

在異人身上，呂不韋已經投下了許多金錢，現在他又想把自己的愛妾投進去。

一天，呂不韋問趙姬：「你跟了我覺得怎樣？」

趙姬說：「有了呂郎，就忘記世上還有男人了！」

「真沒出息！」呂不韋說，「如果讓你去做王后呢？」

「守著呂郎，給個王后也不做！」

呂不韋是很會說話的，他給趙姬分析了秦朝宮廷中的形勢，指出秦王年齡七十有餘，太子安國君不久就可襲位，異人很有可能成為太子。如果能夠嫁給異人，不就是將來的王后嗎？

趙姬知道呂不韋的用意了，撲在他懷裡哭起來。

又費了幾個夜晚的唇舌，趙姬才勉強同意嫁給異人。但她有個條件，即使成為異人的夫人，呂不韋也不能拋棄她，要他招之即來。

為了辦成這件事，呂不韋還耍了一點小陰謀。

一日中午，呂家人都午歇了，異人仍磨磨蹭蹭地不讓趙姬走開，死皮賴臉地求她幹那件事，趙姬掙脫不了，只好依從了。就在他們魚水交歡之際，呂不韋「突然」闖了進來，異人手足無措，只得跪在「呂大哥」面前求饒。呂不韋把他帶到書房裡，大加訓斥之後，便答應把趙姬嫁給他。

呂不韋隱瞞了他與趙姬的關係，謊說她是自己遠房的表妹。

「人家本是投奔我來的，我怎有臉面見她的父母呢？」呂不韋故意弄出痛心疾首的樣子。

異人只好再一次給呂大哥磕頭。「大哥放心，我一定好好待趙姬的！」

於是，呂不韋以嫁親妹的禮，把趙姬嫁給了異人。趙國朝廷派人前來祝賀，各國公子也都來送禮喝酒。

自此，異人對呂不韋更是感恩戴德，言聽計從。

邯鄲這邊，呂不韋為異人做得盡善盡美後，就跑到咸陽去了。他要為異人開拓通往太子的大路。

這時秦朝的情況是：秦昭王雖然仍是熱心拓展疆土，派大將白起一再地兵臨趙國，可是他卻是輾轉病榻，日薄西山了，安國君很快就要繼位。秦昭王催足安國君早立嗣子。安國君的正妻華陽夫人沒有子嗣，正想在他與姬妾生的男孩中挑選……

就在這時，呂不韋來到了。

呂不韋採用的是迂迴戰術。他先去拜訪華陽夫人的姐姐，又去見華陽夫人的弟弟，他用金錢、珠寶點亮他們的眼睛後，就對他們分析了秦國宮闈中的形勢。他指出：如果安國君確定任何一個姬妾生的兒子為子嗣，華陽夫人及其一家就要失寵，甚至還有滅族的危險……

「那怎麼辦呢，先生？」姐弟兩個嚇得瞪目結舌。

在這當口，呂不韋給他們介紹了遠在趙國的異人。他說異人在趙國憑自己的力量打出了一片天下，是趙國諸公子中最有威望的一個！他飽讀詩書，很有德行，在邯鄲人人稱道。

他們相信了。因為幾年來，異人在邯鄲的事蹟不斷地傳回秦國來，宮廷中都知道異人是個有能力的人。

「異人公子極為感念華陽夫人！」呂不韋說：「公子每逢說起來都淚流滿面，他說：華陽夫人比自己的親生母親都親，夫人就是異人的天！公子常常對各國的賓客說：在咸陽，他最想念的只有三個人，一是祖父秦王，二是父親安國君，再就是華陽夫人了，他說：沒有華陽夫人，就沒有我異人……」

華陽夫人的姐姐、弟弟都感動得淚眼婆娑。

呂不韋乘機說下去：「如果華陽夫人能夠將異人立為己子，安國君就會立異人為嗣子，異人怎不盡孝道於華陽夫人，感念你們一家對他的大恩大德呢？以後在朝廷這個棋盤上，你們家就步步皆活了……」

「是呀，是呀！」華陽夫人的姐姐激動得熱淚盈眶，其弟更是躊躇滿志。他們感謝呂不韋遠道前來獻策，立刻表示前往王宮，說服華陽夫人速速立異人為嗣，免得失去時機。

華陽夫人當初是一位才貌雙全的大家閨秀，就是上了幾歲年紀的今天，仍然風姿綽約，笑靨動人。多年來，她在秦宮中有著崇高的地位，秦昭王甚至安國君說：「我立你為太子，是看了你夫人的面子！」王后——華陽夫人的婆母更是把她視為己出，對她百般呵護……

此時，華陽夫人正為自己沒有子嗣愁苦不堪，聽了姐姐與弟弟獻計後，立刻心花怒放。她說：「異人是個有出息的孩子，他在趙國的事，我與安國君都聽說了，王后也為有這個孫子自豪，時常提起他來，我覺得這件事有成……」

當天，華陽夫人就和安國君商量，安國君一時有些猶豫。華陽夫人立刻就去找老王后拿主意。老王后聽華陽夫人說完，對她說：「這事由不得安國君，異人在外面歷練了幾年，我看是最合適的嗣子人選，咱們這就去上奏大王！」

秦昭王聽完兩個他敬重的女人的話，連聲稱好。他立刻傳見安國君，當即就把立嗣的大事定了下來。

他們談話時說到了給異人很大幫助的呂不韋，昭王在第二天見了呂不韋，並向他詢問統一天下的大計。呂不韋侃侃而談，語驚四座。秦王與安國君都覺得呂不韋不僅是個出色的商人，而且

洞悉天下形勢,更是個難得的安國定邦的奇才。

當時,秦王就正式任命呂不韋為異人的老師。呂不韋表示要拿出自己的財產支持秦國改善軍隊裝備,這也使秦王欣喜莫名,對他說:「秦國地大物薄,所有物資,你盡可用來貿易……」

臨回邯鄲,呂不韋又去拜見了華陽夫人。華陽夫人流著淚說:「我很想念那個孩子(異人),正尋找機會把他調回國來。我原是楚人,就讓他改名為子楚吧……」呂不韋點頭稱是。

這一趟咸陽之行,呂不韋收獲極大,不僅一舉奠定了子楚的嗣子大位,也提高了自己在秦國的身分。為子楚同時也為自己開拓了寬廣的政治前途。

回到邯鄲,得知趙姬已經分娩,生下一個大胖小子,因為是在正月初一降生,子楚給他起名趙政(那時的習俗,孩子在哪裡生人,往往採用當地的姓氏)。

呂不韋高興極了,他對趙姬說:「你為大秦國生了個國王呀!將來你就是王后,就是太后!」

在片刻休息之後,呂不韋把自己這次咸陽之行,對趙姬和子楚詳細地說了。

已經改名為子楚的異人哭著給呂不韋跪下來,要感謝他的天大恩德。呂不韋一把拉起他,並把他按在椅子上,自己反身要拜,子楚又趕緊拉呂不韋。兩人謙讓了好一會兒,方才做罷。

很快,邯鄲城裡就知道了異人改名子楚,並成為秦國安國君嗣子的消息,賀客立刻絡繹不絕。

可是不久,子楚和趙姬的厄運來了。秦國軍隊又包圍了邯鄲,以信陵君為總指揮的魏、楚、燕、韓幾國救趙聯軍也開到這裡,正在城外激戰。呂不韋在外經商,為秦國籌軍費,留下子楚夫婦帶著小孩子,在邯鄲如坐愁城,度日如年。早就惱恨秦人的

趙國百姓，天天前來騷擾。如果不是趙王還有點理智，派兵護衛著他們的宅第，他們早就成為刀下鬼了！

正在這千鈞一髮之時，呂不韋潛進了邯鄲。由於他長年經商，白黑兩道都有朋友，幸虧江湖豪俠的幫助，他與子楚才逃出危城回到了秦國。趙姬和趙政也在豪俠們的掩護下，開始了長達八年的流浪生活。

趙國王廷雖多次下令通緝呂不韋、趙姬和趙政，終一無所獲。

## 二

公元前251年，秦昭王死，安國君即位，為秦孝文王。他立華陽夫人為王后，子楚也穩穩當當地做了太子。可是等待了幾十年的安國君無福消受這個不易得來的王位。從服孝到正式即位，不過一年就一命嗚呼，子楚即位為莊襄王。

子楚一上台，就提拔對自己有大恩的呂不韋做了相國，並封為文信侯。秦國大權就落在他們二人手裡了。趙國朝廷為了巴結秦國，趕忙把趙姬、趙政母子送到了咸陽。趙政改姓為嬴，成為嬴政。

可這個子楚也是個短命君王，僅僅三年就給嬴政騰出了位置。剛剛十三歲（十二足歲）的嬴政成了一國之君，而他的母親趙姬，還不到三十歲，就順理成章地做了太后。趙姬下令呂不韋仍為相國，代嬴政執政，令嬴政稱他「仲父」。

嬴政從懂事時起，就背著「私生子」的恥辱，不僅街坊們在他們母子背後指手畫腳，就連小孩們也常常這樣罵他。嬴政個性很強，當然不吃這一套，出手與人廝打，經常帶著渾身傷痕回家，哭著向趙姬傾訴。他恨那個叫呂不韋的人。

现在，吕不韦做了相国，包揽秦国大权，母亲还要嬴政称相国为「仲父」，他怎么受得了？另外，嬴政看到还很年轻的母亲与相国过于亲昵，有时当着臣子的面就眉来眼去。他就暗暗发誓：掌权后，先宰了这个吕不韦！

迫于赵太后的要挟，吕不韦做了她的情夫。为了摆脱这个不光彩的角色，吕不韦从他的门客中找了个面目俊逸、身强力壮、能说会道的男子代替自己，这人名叫嫪毐。不久，赵太后就与嫪毐如胶似漆了。

吕不韦不仅是精明的商人，也是杰出的政治家和军事家。他执政期间，把秦国治理得更加繁荣富强，几次地发兵出征，最后灭了东周，还大大削弱了周边国家，如韩、赵、魏等都向秦割让了大片土地，使秦国的疆域超过其它六国的总和。这为将来嬴政统一天下做了极为充分的准备。

但吕不韦更注意的是对嬴政的培养，因为他明白只有嬴政成为英明威武的君王，他统一天下的伟业才能实现。他给嬴政请了最好的师傅，亲自督促他的学习。每次出征回来，他戎装未除，就先把嬴政找来，问长问短。令吕不韦没想到的是，他这样过份的关心，只会使嬴政更加反感、愤怒。

为了规范嬴政现在和将来的言行，吕不韦令他的门客按照他的意旨编成一本大书《吕氏春秋》。为了提高这本书的地位，吕不韦把它挂在城门下，并声言有改得一字者，赐千金。这本书的确写得好，成为中国的著名典籍，流传至今。可是嬴政却不买账，他洞悉吕不韦的用意，恨得咬牙切齿。

那个做了太后情夫的嫪毐，自以为征服了赵姬就利令智昏。不住地向太后伸手要官、要封地、要权力，还蓄了几千名的食客，后来竟发展到阴谋杀害嬴政，夺取政权，让自己与赵太后生

的年僅幾歲的兒子即位。趙太后當然不肯，她一次次地規勸、阻止，但嫪毐仍一意孤行……

嬴政已二十一歲，按規矩他再有一年才能親政。可是情勢和性格都不容他等下去。他挺身而出，發動了平叛戰爭，一舉將嫪毐等叛賊全部抓獲。經過幾個月的審理，嫪毐被判車裂重刑，其他幾十名骨幹分子也被梟首示眾。然後他帶兵突入太后所住的雍宮，殺死了宮中所有的侍衛、僕婦，連趙姬嫪毐所生的兩個孩子也裝在麻袋中摔死，並下令將母親圈禁在宮中。

這一招幹得地動天搖。呂不韋和朝中大臣個個瞠目結舌，不敢言語。有人曾進宮勸說嬴政款待母后，將她迎回宮中，可是盛怒中的嬴政一概不允，把勸告者扔進油鍋烹了！他一連烹了二十幾個敢於勸諫的大臣，把他們的屍體晾在咸陽宮門外……

在親政後的第二年（公元前237年），初步穩定了政權的嬴政，把目光移向呂不韋，先是將呂不韋免職，然後把呂不韋遣送到他的封地洛陽去。在那裡住了沒有兩年，嬴政又派趙高帶著聖旨跑到洛陽，令呂不韋遠徙四川。呂不韋何等精明，知道嬴政的意思是叫他死，也就知趣地服毒自盡了。

呂不韋死後，嬴政下令沒收了他的全部財產，嚴懲了他的黨羽，徹底鏟除了呂氏集團。

## 三

在鞏固了政權之後，許多朝臣不斷地向秦王上書，分析形勢、貢獻策略，勸嬴政早定統一大計。

現在，秦朝國力充實、兵精糧足，六國中無一國能夠與之抗衡。這是幾代秦王的謀劃和積累，特別是經過呂不韋的辛苦經營所得。

在人才方面也是極為突出的。各國豪傑已看到秦國在各國中的霸主地位，將能夠統一天下者，非秦莫屬，於是紛紛跑到咸陽來，追求自己的前途。嬴政那時又能禮賢下士、從諫如流，所以在咸陽麇集了許多才子。如李斯、尉繚、頓弱、姚賈等都有經國緯世之才。領兵大將秦國也不缺乏。如王翦、王賁、蒙驁、蒙恬、蒙武、李信都是身經百戰，善於用兵的軍事家。

秦王首先把矛頭指向離得最近、且最弱的韓國。韓王安是個軟弱無能的人，他對強秦一直採取獻媚邀寵的政策，不斷地貢獻美女和財物，當然他也暗暗地使些小手段，如派水利專家鄭國到秦，想誘使秦王把精力用在興修水利上，耗盡他們的國力。又如派韓國貴族韓非到秦用間，想把秦國的兵鋒轉移到趙國去……

但這些小技小巧救不了韓國。秦王十七年，他揮兵滅掉韓國，俘虜了韓王安。

第二步秦王就要收拾老對手趙國了。

趙王遷也沒什麼本領，可是六國中，他的勢力最強，手下很有幾個能征慣戰的將軍。這時，老將軍廉頗死了，真正善於用兵的僅有李牧，而且在李牧的麾下集聚著不少驍勇的將領。秦王的謀士，長於用反間計的頓弱，趕赴邯鄲，收買了趙國的相國郭開，以挑撥趙王與李牧的關係，他誣蔑李牧謀反，使趙王殺害了李牧。

趙王遷自斷手足後，秦軍長驅直入，攻破邯鄲，把趙王俘獲。公子趙嘉帶領幾千人馬逃到代郡（今河北尉縣一帶），自立為王，苟延殘喘。幾年後也被秦軍消滅。

燕國在北方，面積廣大，但不富強。燕王喜在趙國為質時，與子楚交情很好，他的子燕丹也曾是嬴政的童年好友。燕王把燕丹派到咸陽為質，想利用過去的老關係與秦國交好。

可是，在國家間，哪有什麼永久的友誼，有的只是永久的利益。燕丹在秦幾年，嬴政也沒接見過他。趙韓兩國的悲慘命運極大地震撼了燕丹，他在秦將樊於期的幫助下，一同逃回了燕國，企圖像信陵君那樣再創抗秦聯盟。可是形勢已變、機會不再，燕王什麼也搞不起來。最後他謀劃了刺殺秦王一著。他想如果把嬴政殺掉，就天下太平了。

擔任殺手的是壯士荊軻。為了幫助荊軻完任務，被秦王通緝的樊於期獻出了頭顱，燕丹為他做了充分的準備，如給他添置了鋒利的匕首，繪製了獻給秦王的督亢地圖，還給他配備了助手秦舞陽……

公元227年，荊軻來到了咸陽。秦王在宏大的咸陽宮前殿接見了他。

荊軻在前，秦舞陽在後，魚貫而行。荊軻氣宇軒昂，高視闊步，很有大使風範，那個秦舞陽就不行了，他看到咸陽宮的宏大莊嚴，看到文臣武將的威武整肅，看到侍衛的如狼似虎，看到秦王的威風八面，嚇得面色發黃、股慄不已。

荊軻先把樊於期的人頭送上去，秦王看了，放在一邊，荊軻又把地圖獻上，展開「圖窮而匕首見」，荊軻抓起匕首就向秦王刺去。

秦王躲開，可是被荊軻拉住了袍袖，荊軻繼續追殺秦王。如果秦舞陽是個好漢，也許他們就得手了。可是秦舞陽已嚇得連台階也爬不上去，事發的剎那，他就被階下的侍衛砍殺了。

秦王為躲避荊軻的追殺，繞著宮柱奔跑，因為秦法森嚴，不准臣下無故上殿，更不准帶武器入宮，所以臣僚們乾瞪著兩眼著急，無法相救。只能高呼：「大王，拔劍！」秦王的劍很長，一時很難拔得出，眼看就要被追上，他又不能停住，正在危急中，

宮醫夏無且把他的藥袋子扔過去，才把荊軻阻擋了一下，使秦王能夠把他的長劍抽出來。

秦王用劍削斷了荊軻的左腿，荊軻倒在地上，就在這時，他擲出了自己的匕首，匕首插在宮柱上噹噹地響著顫抖了好久。

荊軻被秦王連砍七劍而死。

對於荊軻刺秦，歷史上聚訟紛紜，但民眾對他是肯定的，認為他是個義氣千秋的大英雄，其實這種盲動行為未必值得讚頌。

公元前227年，秦王命大將王翦大舉攻燕，人數不多而又經訓練的燕軍怎是秦軍的對手，他們一即潰，連國都薊城（今北京西南）也被奪去。燕王喜逃到遼東，企圖苟安於一時。秦軍李信猛打猛追，逼得燕王將惹事的太子丹殺了，把人頭送到咸陽求和。這是歷史的悲劇，燕王喜是個令人生厭的可憐蟲。到了公元前222年，王翦的兒子王賁，活捉燕王，燕國徹底覆亡。

公元前225年，秦軍兵臨魏都大梁。這時王翦已經退休，帶兵的是他的兒子王賁。王翦給兒子出謀劃策，教他挖開黃河大堤水淹魏都。魏王是個年輕人，至死不降，帶兵與秦軍在水上鏖戰。但寡不敵眾，自殺於船上。

楚國原來是個強大的國家，但楚王負芻是極為昏庸的。他不信任大將項燕，要親自帶兵迎敵。秦軍李信出於輕忽，兵敗城父，秦王又把老將王翦搬出來。王翦率60萬大軍把楚軍打得大敗，攻進楚都壽春，俘虜楚王負芻。楚國滅亡。

最東邊的齊國在六國紛爭中，一直站在圈外，還想派使節前往秦國送美女、重金，求得個互不侵犯，可是秦王怎會讓齊國逃脫厄運呢！秦王二十六年（公元前221年），嬴政從東北調回王賁的部隊討伐齊國。大軍所至，勢如破竹。齊王率軍在國都臨淄據守。大戰幾天終於不敵，城破逃亡，不知所之。

## 四

　　列國紛爭延續了幾百年，經十年征戰被強秦統一。可是六國貴族還在，六國的百姓還在，他們中的多數是不馴服的，時刻想奪回失去的王國。於是，嬴政就令李斯做廷，掌管司法，為他制定了許多嚴酷的法律。後世常常責備始皇苛政峻法，其實，哪一條酷法也有李斯的責任。

　　接著，秦王就著手將自己絕對化、神化。他令大臣給自己定尊號。大臣們搜腸刮肚地想法滿足他、頌揚他，有的稱他為「天皇」，有的稱他為「地皇」，還有的勸他用「秦皇」，可是他一概不用，而自己取了「三皇五帝」中的「皇帝」二字，意思是他的地位應該超過歷史上所有的「皇」和「帝」。

　　大臣們雖然有人不很認同，可也沒人敢說什麼。他又把自己定的尊號，前面加一「始」字，意思是第一個皇帝，是「一世」，將來可傳至萬世。

　　過去，帝王死後，由後人及大臣給他上一個「諡號」，始皇取消了這一制度，也就是不准後人評價他。

　　至於「國體」和「政體」，有些大臣勸他依照周朝體制，分封功臣和子弟。這一提議使他十分惱火，他說：周朝所以弄得戰亂紛起、滅亡，就是因為分封的原因，周朝的那一套將永遠廢除！他在朝政上實行「三公九卿」制，在地方上實行「郡縣」制，把國家大權都集中在他一人手裡，這也是一項創新！直到他死，他的老婆、孩子也沒一人得到過任何爵位，沒有半點權力。

　　為了鞏固政權，秦始皇統一了文字、車軌、度量衡和貨幣，也是為了這個目的，他以咸陽為中心，修築了輻射全國的馳道，還修築了萬里長城。

從此，他可以用同一文字迅速行文郡縣；可以在最短的時間內兵發全境；可以更好地發展工商貿易，以獲取更多的錢財；可以防備那些追不到滅不了但為害極大的匈奴人。

在掃平天下後，秦皇一直把鎮壓反抗者作為中心任務。他收繳民間武器，鑄造了十二個極大的銅人，放在咸陽宮外；他把全國富豪和各國諸侯家屬遷在咸陽附近，以便監視；任何人只要稍有不軌言行，就立刻被投入監獄，以致刑犯多得不可勝數。

秦始皇明白，那些反叛和復辟思想就隱藏在讀書人的頭腦中，有鑒於「諸生不師今而學古，以非當世，惑亂黔首（百姓）」，為了維護「法令出一，百姓當家則力農工，士則學習法令辟禁」的政治局面，避免重蹈「天下散亂，莫之能一」的覆轍，他頒布了焚書令，並在對愚弄和誹謗自己的術士大開殺戒的同時，將一批不聽話的儒生坑殺。這就是有名的「焚書坑儒」！

## 五

鎮壓和反抗總是相反相成的。從秦皇立國那天起，反抗的烽火就沒有一天熄滅過。

成了始皇的嬴政覺得自己老是悶在咸陽，就像珍寶深藏在寶庫裡，誰人能看到它的光芒？於是他先後五次出遊，一是看看他幅員廣大的版圖，以進一步滿足他君臨天下的欲望；二是聽聽臣子百姓對他的歌功頌德，以享受威服四海的榮耀。

可是每一次出遊，他都遇到過反抗者蓄謀刺殺的兇險，張良的博浪沙行刺，即為最著名的一次。

秦皇英明天縱、浩氣盈世，可是一旦墜於迷惘，他就像個天真的嬰孩。由於他迷戀長生，幾次被騙子捉弄，成為千古笑柄。始皇三十七年（公元前210年），秦始皇最後一次出遊。從咸陽

出發，先至雲夢，沿水路到錢塘，在會稽山祭大禹後，刻石留念，然後北上渡江至琅琊。那個騙過他一次的徐福又來行騙，他說：第一次沒有給皇上求得長生仙藥的原因是海上有大蛟阻撓，始皇深信不疑，又給了徐福許多大船、錢財和隨從，命他繼續出海。秦皇還自己親自出海射蛟，在臣民的幫助下好歹射殺了一條大魚……

回程時，秦始皇病倒了，走到沙丘（今河北廣宗西北），已經奄奄一息。他自知長生已不可得，就是回到咸陽也難了，於是便寫下遺詔，令趙高速告尚在長城邊境的長子扶蘇回咸陽辦理喪事，意即準備繼承皇位。可是還沒聽到回音，他就死了。

趙高早就萌生謀逆之心，他不但不把秦皇遺詔公布、發出，還祕不發喪，把始皇的遺體裝入木棺，塞到始皇原來乘坐的豪華安車裡，按照原路繼續向咸陽進發……

回到咸陽，趙高、李斯別事不做，先忙著讓胡亥登基。等胡亥做穩了皇帝後，才公開發喪，把始皇重新裝殮，葬進驪山的陵寢中……

偉人的生前死後，其境遇多有巨大反差，說起來常使平頭百姓忍俊不住，成為千古談資。這是很意義的，它可以使那些英雄崇拜者清醒一些，將人生好好思索一番……

# 秦二世胡亥

## 登基原非始皇願

　　胡亥，生於公元前230年，秦始皇少子，早年曾師從中車府令趙高學習獄法。公元前210年，秦始皇嬴政病死於巡行途中，胡亥憑藉趙高與丞相李斯共同策劃的「沙丘之變」，篡改詔書，逼死長兄扶蘇，刑囚大將蒙恬，坐上了大秦王朝儲君的位置。

　　公元前210年九月，秦始皇入葬驪山皇陵。十月，胡亥登上了大秦帝國皇帝的寶座，成為了秦朝第二位，也是最後一位皇帝，史稱秦二世。

　　公元前209年，秦二世元年七月，終於爆發了陳勝、吳廣大澤鄉起義，反秦鬥爭隨即席捲關東地區。秦二世三年七月，章邯、王離率領的秦軍主力投降項羽，劉邦帶領的起義軍，攻下武關。趙高恐誅罰及身，與其婿咸陽令閻樂合謀，乘秦二世齋於望夷宮，詐詔發兵圍宮，令秦二世胡亥自殺。

　　秦二世皇帝在位3年，卒時23歲，死後照黔首（平民百姓）的身分和禮節葬於杜南(今陝西西安東南曲江池南岸)的宜春苑中，沒有廟號和諡號。秦始皇曾夢想的千世萬世的大秦王朝，也僅僅存在15年，便「二世而亡」了。

# 篡改遺詔：登上了本不屬於他的帝位

秦始皇統一了中國後，進行了一系列的制度建設，奠定了封建帝國的基礎，同時也做了一些千古荒唐之事。特別是在立儲君這件事上，歷史對他的評價褒貶不一。實際上，作為一代帝王，在關係到天下「傳之萬世」的帝位繼承人選上，秦始皇並非是昏聵糊塗的。他有意扶持長子扶蘇繼承大統，只是沒有明文策立太子。這是因為他沒有料到自己會過早的暴病而亡。在第五次巡遊途中，彌留之際的他只來得及留下一封「以兵屬蒙恬，與喪會咸陽而葬」的十二字遺詔，便撒手人寰，使得趙高之流鑽了法律漏洞，把昏聵無能、無所事事的胡亥推上了皇位。

在秦始皇的諸公子中，公子扶蘇雖是長子，卻不為他所喜歡。不過，為了秦王朝的基業，秦始皇還是著意培養扶蘇。扶蘇因在焚書坑儒的問題上與秦始皇的看法不一致，而被派往北部邊境與大將蒙恬帶兵戍邊，這實質上卻是秦始皇對他的考驗和鍛鍊。事實上，扶蘇在諸公子中也確實是出類拔萃的，尤其超出他的小老弟胡亥許多。少公子胡亥和扶蘇是截然不同的人物。胡亥在秦始皇的兒子中是出名的紈絝子弟，雖說他也受到了良好的宮廷教育，但生性是一個「公子哥」的脾性，毫無風範可言。

有一次，秦始皇設宴招待群臣，讓諸皇子們列席。胡亥自然遵命赴宴，但他不願和大臣們循規蹈矩地在父親面前喝酒議事，早早吃飽了便藉故退席。在殿門外整齊地排列著群臣的鞋子，因

為按照當時秦的規定，大臣進入宮殿時必須將鞋子脫下放在殿門外。參加酒宴的群臣的鞋子擺放得整整齊齊，這卻成了胡亥胡鬧的道具。他借著酒勁，邊走邊隨意地將群臣的鞋子踢得橫七豎八。後來胡亥做皇帝治理天下，結果就像他原來踢鞋一樣把國家「踢」得亂七八糟，最後亂得連自己的性命也搭進去了。

論才幹，在秦始皇的諸皇子中，胡亥是絕對不夠即位的資格，他的即位完全是趙高為了自己專權而一手策劃的。

趙高本是一個宦官，天性聰明，口齒伶俐，善於察言觀色，曲意逢迎。加上身高力大，寫得一手好字，尤其精通獄法，因此，很受秦始皇的賞識。

據說趙高對秦朝律令熟練到了對每個細目都能背誦的程度，就連秦始皇判決、斷獄有時拿不準，還經常向他詢問。於是，秦始皇就把他提拔為中車府令，主管皇帝的車馬儀仗隊，並讓他教導胡亥書法和律法知識，為人伶俐的他，很快便深得胡亥歡心，兩人私交甚密。加上趙高的三寸不爛之舌，將胡亥牢牢地控制住，一切聽從他的指揮，這是以後趙高鼓動胡亥篡位的基礎。

秦始皇最後一次巡遊天下的那年，胡亥已經20歲了，可他玩性正盛，極力請求隨行。秦始皇十分寵愛這個小兒子，便答應了他的請求。秦始皇尋藥未果，惆悵回京，沒想到在路上一病不起。他深知自己來日不多，便留下了皇位繼承的遺詔，囑命扶蘇把兵事移交將軍蒙恬，急赴咸陽主辦喪事，並繼承皇位。遺囑加蓋玉璽密封後，存在中車府令趙高處，但還沒來得及送出，秦始皇便與世長辭了。

秦始皇病死後，胡亥受到趙高的蠱惑，和趙高、李斯一起篡改了秦始皇立長子扶蘇繼承帝位的遺詔，自己登上了本不屬於他的帝位，也走上了一條不歸路。

## 殘害手足：權力面前無親情

秦始皇有多少子女，秦始皇死後這些子女下落如何，幾千年來，一直沒有人能說清楚，見於史書有名可考的秦始皇子女只有長子扶蘇，少子胡亥、公子高、公子將閭四人。有史書說秦始皇有12個兒子，史書中還有秦始皇第10個女兒被殺的記載，這樣看來，秦始皇至少有兒女二、三十人。

據專家考證，秦始皇共有子女33人。秦始皇的33位子女，除胡亥在趙高、李斯合謀下篡得皇位，做了秦二世，其餘32人皆死於非命。長子扶蘇被篡改的遺詔賜死，胡亥稱帝後，怕其兄長不滿而殘酷殺戮他們。

史書記載的有，將「六公子戮死於杜」，將十二公子殺戮於咸陽。公子高準備逃跑，又恐家屬被誅，只好上書，請求為秦始皇殉葬，胡亥准其請求，公子將閭昆弟三人，被迫「拔劍自刎」，胡亥不僅處死了他所有的哥哥，對其姐妹也不放過，史書記載：胡亥將「十公主戮死於杜」。就這樣，胡亥為保住自己的皇位，殘酷地殺害了自己眾多的兄長姐妹。

近年來，秦陵考古的新發現，為我們提供了這方面的線索。1976年10月，在秦陵東側上焦村附近發現了一組陪葬墓群，共17座，考古工作者發掘了其中8座，8座墓中各有一棺一槨。其中7座墓中各有人骨一具，五男二女。一座墓中，棺內只有一把青銅劍，未有人骨。

令人不可思議的是棺中屍骨非常零亂，有的軀體與四肢相分離，有的頭骨與軀幹相分離，有的頭骨上有箭頭，這些現象表明墓主係非正常死亡。

但同時令人不可思議的是，墓中的隨葬品非常豐富，計有金、銀、銅、鐵、陶、玉、蚌、貝、骨、漆器及絲綢殘片二百餘件，這種規格說明墓主人是有一定身分的。這些有一定身分而又遭到殘酷殺害的墓主都葬在陵園附近，說明他們必然與陵園陪葬有關。這使人聯想到被殘酷殺害的秦始皇子女。

在發掘過程中，人們在墓坑裡還發現了挖墓人烤火的遺跡。這說明當時天氣很冷，這與胡亥誅殺諸公子的時令相吻合。

因此，專家分析，這些墓葬的主人很可能是秦始皇的兒女，在發掘中還發現了兩枚私印，一枚「榮祿」，出土於男性墓中；一枚印文為「陽滋」，出土於女性墓中。如果判斷正確，則「榮祿」是秦始皇兒子的名字，「陽滋」是秦始皇女兒的名字。隨著挖掘深入，人們將取得更多的證據，到時秦始皇子女下落之謎，有可能被徹底解開了。

# 身後謎團：胡亥是被誰逼迫而死

關於秦二世之死，太史公司馬遷在他的《史記》中留下了兩個版本，一個是《史記‧秦始皇本紀》中的記載，一個是《史記‧李斯列傳》中的記載。兩種記載頗不一致，但必定都是有史料可循的。

根據《史記‧秦始皇本紀》記載：公元前209年，陳勝、吳廣在大澤鄉揭竿而起，發動了反秦起義，消息傳開，「苦秦久矣」的全國各地群眾紛紛響應，殘餘的六國貴族們也乘機聚集力量打起了復辟的旗號。大秦帝國剛剛建立十幾年的天下，已經隱約出現了分崩離析的局面。

此時的秦二世並不了解天下的真實情況，而且在這之前，趙高也曾多次在他的面前下保證，說是關中的盜賊成不了大氣候。然而，等到陳勝的軍隊逼近了都城咸陽，君臣這才著了急。

於是，讓章邯率領釋放的驪山刑徒出戰迎敵。這些刑徒常年從事體力勞動，身體強壯，剛剛被釋放，士氣很高，在勇將章邯的率領下，初期打了很多勝仗，戰勝了陳勝的部隊。但後來，項羽所率領的義軍在河北巨鹿與章邯決戰，項羽破釜沈舟大敗秦軍，俘虜了秦將王離，秦軍主將章邯作戰失利，向胡亥求救兵增援，又被趙高猜疑而拒絕發兵。走投無路的章邯最終投降了項羽。章邯一走，秦軍便不堪一擊，秦朝江山危在旦夕。

這時候，以前的六國諸侯也皆有人自立為王，自函谷關以

東，秦帝國的地方官員大多背叛秦朝以響應諸侯，諸侯率領民眾轉向項羽，各路義軍一齊西向攻秦，挺進關中，一時聲勢十分浩大。其中，沛公劉邦所率領的幾萬義軍，在張良的輔佐下，率先經武關攻入漢中。

起義軍大兵壓境，咸陽城內陷入一片慌亂之中。與此同時，二世派人責問趙高，問他為什麼容忍關東盜賊發展到如此地步。趙高見二世怪罪下來，很是恐懼，便暗中與女婿、咸陽令閻樂和弟弟趙成謀劃，決定發動宮廷政變。

趙高說：「皇上現在已經不再聽從我的話了，現在形勢危急，恐怕要禍及我們家族。我想要廢掉當今皇上，另立子嬰為帝。子嬰仁慈節儉，百姓都聽信他說的話。」

秦二世於恐慌之中，夜裡夢見一隻白虎咬他的車駕上左驂馬，自己便將白虎殺了。醒來後，胡亥的心中一直悶悶不樂，覺得十分怪異，便令主管卜筮的太卜為他占夢卜筮。太卜告訴二世，卜筮的結果是涇水之神作祟。為了免災，秦二世到咸陽東南的望夷宮（故址在今陝西涇陽縣東南）齋戒，想要祈禱涇水之神佑自己平安。

然而，秦二世即使再誠心齋戒，神仙也保佑不了他了。就在秦二世移居望夷宮的第二天，趙高就佈置掌管宮廷警衛的郎中令趙成為內應，詐稱發現有一夥強盜，令咸陽令閻樂召集衛戍部隊追捕盜賊，暗中卻把閻樂的母親安置在趙高家中，然後便聲稱盜賊劫持了閻樂的母親。閻樂以追捕劫持母親的盜賊為名，帶領千餘名宮廷衛士與衛戍部隊直奔望夷宮。到達望夷宮殿門，首先將守衛宮門的衛令、僕射捆綁起來，賊喊捉賊地說道：「強盜已竄入望夷宮，為何不予以制止？」衛令回答：「整個宮殿的四周都有衛士巡行防守，戒備甚嚴，怎會有盜賊竄入宮中？」

閻樂不由衛令分說，當即將衛令斬首，帶領士卒闖入宮殿大門。入宮後，士卒們一路射殺，宮中的郎官、宦者大驚，有的逃走，有的格鬥，格鬥者都被殺死，死者有數十人之多。郎中令趙成、咸陽令閻樂一同進入後宮，放箭射秦二世的御帳。

秦二世大怒，召喚左右侍臣捉拿叛賊，侍臣們恐慌而不敢格鬥。其中只有一名宦官服侍在他身邊，不敢失職離去。秦二世躲入內殿，對宦官說：「你為何不早些告知我，以至於到了今天這種地步！」這個宦官回答說：「臣不敢說話，所以才得以保全性命；假使臣說話，早就被殺了，怎得活到今天服侍聖上呢！」

這時，閻樂走近秦二世跟前，歷數他的罪狀說：「足下驕橫恣縱，濫殺無辜，天下人都背叛足下了，足下自己想想該怎麼辦吧。」

秦二世尚存一線希望說：「朕還能見丞相一面嗎？」

閻樂面無表情地說：「別淨想好事啦，絕對不可能！」

秦二世無奈之下，就開始和閻樂討價還價：「我情願讓出皇位，去做個郡王。」閻樂搖頭拒絕了。

秦二世又說：「那就做個萬戶侯吧！」閻樂仍舊沒有答應。

秦二世目光哀憐，絕望的乞求道：「我甘願與妻子為平民百姓，這樣總行了吧？」

閻樂見他嘮叨沒完，便冷笑著直截了當地對秦二世說：「我受丞相之命，為天下人除掉你，你說得再多也是白費唇舌。」說完，閻樂便揮兵逼近秦二世，準備將其誅殺，胡亥見自己難免一死，只好顫顫巍巍地舉劍自刎了。

秦二世在位三年，死時只有23歲。

閻樂向趙高彙報秦二世自殺而死的消息後，趙高便下令召集所有大臣和群公子，告知誅殺秦二世的情況，向諸大臣、公子說

道:「秦本是個諸侯王國,自始皇統一天下,所以稱帝。現在山東六國又復立為王,秦的土地愈來愈小,保留空有的虛名稱帝,已實屬不可,應像原來那樣稱王才是。」

於是,宣布立秦二世的兄長之子公子嬰為秦王,用平民的禮儀將秦二世胡亥葬於杜南宜春苑。

在《史記·李斯列傳》中,趙高逼死秦二世的經過卻是另一番情景:

秦二世經過指鹿為馬的事件後,就以為自己是受了鬼神的蠱惑,所以才會精神惑亂,以至於竟分辨不出鹿和馬。於是叫來太卜掐算。這個太卜已經得到了趙高的授意,就按照趙高的意思,說「陛下在春秋郊祀天地山川、祭祀宗廟祖先時齋戒(古人祭祀前的齋戒指不近女色,不飲酒,沐浴,清心,以示虔誠)未能嚴格遵守齋戒禁忌,所以神靈惑亂,所以才有分辨不清馬和鹿的現象發生,現在必須嚴格認真地去行齋戒之禮。」

胡亥聽後,便立即到上林苑裡重新齋戒,開始還能堅持,後來又享樂開了。有一次,一個過往的行人誤入了上林苑中,秦二世挽弓搭箭將那個人射死。趙高知道後又借題發揮,先是讓他的女婿閻樂上奏說:「不知是誰殺了一個人,將屍首扔到了上林苑中來了。」

秦二世聽了很不自在。趙高又自己出面,假作關心地勸二世道:「天子無緣無故地射殺一個無辜的人,這是上天所不允的。這樣,鬼神就不會接受祭供,上天將會降下災禍。現在您只有遠離皇宮,才能避免災殃。」

於是,秦二世就很聽話地搬到了咸陽東南的望夷宮。從此,趙高在朝中儼然皇帝一般。

就在秦二世到望夷宮後的第三天,趙高詐稱奉二世的詔令,

令衛士身穿百姓的服裝（以便於冒充是農民起義軍）向望夷宮進發，然後入宮對秦二世說：「山東群盜的大兵到來了！」

秦二世同趙高到宮觀上憑欄遠眺，見遠處果然有成群的手持兵器、身穿百姓服裝的隊伍向宮中撲來。秦二世恐懼萬分，趙高乘此機會逼迫秦二世自殺而死。

趙高在秦二世自殺身死後，便在宮殿上將皇帝的玉璽佩戴在自己的身上，想要自立為皇帝，但左右的百官不向他行叩拜大禮，不肯聽從他自立為帝。

趙高登殿，多次覺得宮殿好像是要傾倒似的（其實這是他見百官不聽從自己因而神志恍惚的結果），趙高以為這是上天不讓他做皇帝，群臣又不聽從，只好作罷，這才把傳國玉璽交予子嬰，擁立為秦王。

秦二世胡亥是被趙高策劃的陰謀而登上皇位的，三年後，又是趙高將他逼死，這真是「成也趙高，亡也趙高」啊！

總之，無論秦二世之死的經過到底如何，他與趙高最終都沒有得到善終，他是被趙高逼迫自盡，趙高則是被子嬰殺死。真是應了那句老話──多行不義必自斃！

# 秦二世胡亥的履歷書

**秦二世**：名胡亥，秦始皇第18子。屬羊。他的命運也很像一隻羔羊。

**生卒時間**：公元前230年——公元207年

**安葬之地**：葬於杜南宜春苑（今陝西西安西南）。

**性格特點**：天真頑劣、胸無點墨，貪懶痴妄俱全，生就的一個悲劇人物。始皇死後，趙高與李斯合謀立胡亥為帝，為的是這個傻瓜好玩弄。他即位後，實權落於趙高手中，在秦朝岌岌可危時，被趙高遣人殺死，年24歲。

**史家評點**：毫無建樹，紈絝典型；荒淫愚妄，毫無人性；被逼自戕，歷史笑柄。

一

秦莊襄王子楚有個僕人名趙升，曾忠心耿耿地服侍過他。嬴政在邯鄲降生時，趙升他得一子，請子楚給孩子命名，子楚便給他起名趙高。

趙高與嬴政是同年。

後來，子楚與呂不韋貪夜從邯鄲逃出時，在箭雨中趙升以身體伏在主人身上，救得子楚一命。子楚臨死時特別對趙高有個安排。他拉著嬴政的手說：「孩子，趙高的父親救過我的命，你要把趙高當作兄弟看待。」

後來嬴政信任趙高,其原因絕不只是父親一句話,而是因為趙高一直像狗一樣忠實於他。

其實,他不是狗,而是一條毒蛇。

始皇的長子扶蘇從小聰明好學,長大後成了個謙謙君子。始皇曾經對他寄予厚望。後來,扶蘇對父皇的一些舉措常常提出異議,惹得父王很是不快,特別對始皇迫害儒生更是激烈反對。秦皇一怒之下就把他趕到北方,與大將蒙恬去修長城。可是扶蘇很得人心,二十多歲就賢名遠播了。

與扶蘇相比,胡亥這個小兒子就很受秦皇喜愛。第一,因為他小,天下父母多是愛小兒子的。第二,他生得憨頭憨腦,只知玩樂,不干政事。第三,他擅長看風轉舵,很得始皇歡心。由於中車令趙高有點學識,寫得一手好字,始皇便把胡亥交給趙高教導、帶領。

趙高對胡亥的確盡心盡力,因為,他在胡亥身上寄託了自己的將來。十多年過去,胡亥跟趙高沒學著正經本領,可是如逢迎諂笑、巧耍嘴皮、陰鷙毒辣、聲色犬馬、吃喝嫖賭、挑撥離間……樣樣學得精。

是趙高按照自己的樣子造就了他。

另外一點,趙高培養了胡亥的依附性格,離開趙高他就話不知怎樣說,路不知怎樣走,事不知怎樣辦,飯不吃怎樣吃……這正是趙高所需要的。

始皇最後一次出行,他帶上了胡亥。胡亥一路上玩得很歡愉,在會稽時,他還嫖了個小妞兒。可是走到沙丘,面對父皇的死亡時,他嚇得魂不附體。

「父皇死了,誰當皇上呀?」他問趙高。

「誰呀,你呀!」趙高回答。

胡亥更害怕了：「我是個只知玩樂的孩子，當得了嗎！再說做皇帝也太辛苦，還是叫我大哥做吧！」

「真是傻瓜！」趙高瞪起眼睛喝道，「你父皇最疼愛你，最喜歡你！是叫你在他之後繼他的大位，你卻推讓給扶蘇！聽著，你不會當皇上，我可以教你，只要你事事聽我的！」

「有趙叔幫著，我就什麼也不怕了！當就當吧！」從他跟著趙高，他就一直喊趙高為「趙叔」。

始皇的遺詔，李斯是見過的，起初，趙高與他商量扶胡亥奪位，他有些猶豫。他說：「咱們都是始皇的親信大臣，怎好他剛閉上眼睛就背叛他呢，最好按始皇的遺詔書，迎接大公子扶蘇繼位⋯⋯」

趙高冷笑一聲說：「那也好，不過你就等死吧！」

「怎麼講，趙大人？」

「扶蘇曾多次對朝中大臣說：父皇辦的每一件不得人心的事，都是李斯攛掇的，每一部酷法都是李斯起草的，像這樣的奸臣酷吏，我如果登上皇位，必先殺之，以謝天下！」

李斯自知作惡多端，朝中早有議論，聽了趙高的話，嚇得兩腿發軟，立刻就同意了，他盤算了一下，還是這個小傻瓜胡亥好對付。

就這樣，趙高唆使胡亥下詔殺害了公子扶蘇、殺害了大將蒙恬、蒙毅，殺害了朝中的功勳大臣。

## 二

胡亥的罪惡也不都是趙高挑唆的，他本來就是個陰狠毒辣、天良泯滅、毫無人性的人。起初，他對做皇帝猶猶豫豫，是覺得自慚形穢，後來他嘗到了萬人之上的甜頭，就開始學著父皇發起

威風來，他在其中找到了新的樂趣。既然如此，對這個偶然得來的皇位，他就想方設法地保住它，鞏固它……

始皇下葬時，他令沒生過孩子的幾千嬪妃全部陪葬，將最後施工的工匠一個不剩的壘進墓道！他幹這件喪盡天良的事，理由一是為了向父皇盡孝道，一是為了保守陵墓的祕密。其次，真正的目的是想把先皇的遺迹徹底清乾淨！

這大清掃，才剛剛開頭。

他坐穩了御座不久，就向他的兄弟姐妹開刀了！

屠殺他們的理由好找，幾千年來，弱者是不能向強者為自己辯護的。

僅僅幾天，他就把二十八個同胞兄弟姐妹送上刑場，罪名是或者「對皇上不恭」，或者「陰謀造反」。公子高嚇得跑到岳父李斯家中，想向他尋求保護。可是李斯卻對他說：「這時候，我的腦袋還不保呢，怎麼保護得了你！你還是回家聽天由命吧！」公子高自知難逃一命，就上書胡亥，請求允許他死在始皇墓旁，給先父守墓。胡亥批准他的請求，還賞了他許多金錢，讓他死得體面風光。

那些公子、公主的親戚多是朝中大臣、老臣，胡亥以「通同謀反」罪全部誅殺！只這一招就把朝廷中的前朝重臣清除得幾乎淨盡！

那些日子，咸陽街頭到處是血，到處是大啖人肉的狗。

有些老臣見世事無法挽回，相繼自殺，如丞相馮去疾、將軍馮劫等。

朝廷中空出了許多位子，趙高便乘機安插自己的親信，如他的弟弟趙成做中車府令，他的女婿閻樂做了咸陽令……

始皇時最得寵的大臣、丞相李斯也被下到獄中，罪名也是

「謀反」。李斯起初不服上書自辯，趙高就派酷吏日日嚴刑逼供，一直打得他不知自己是誰，為求速死，只好承認了自己的「罪名」。既然他招供認罪，二世就下令把他在咸陽的親屬全部抓了起來。幾天後，二世給李斯判處族刑，夷滅三族。

二世二年（公元前208年）李斯和他的族人一百餘名全部押赴刑場處決。他們先在李斯臉上用刀劃上「謀反」字樣，然後攔腰砍斷，剁成肉醬。

## 三

李斯被害後，胡亥又攥在趙高手中，趙高成了實際上的皇帝。可是，自覺名不正言不順，老覺得有人算計他，因此他耍了一個指鹿為馬的把戲，來測驗胡亥、群臣對他的真實態度。

一日早朝後，趙高說得了一匹寶馬，要獻給二世。等到「馬」牽到朝堂上，胡亥與大臣們看到那不是一匹馬，而是一頭鹿。

胡亥說話了，他說：「相國，這怎麼是匹馬，明明是一頭鹿嘛！」

趙高指著鹿說：「你再仔細瞧瞧，難道陛下連一匹馬也不認識嗎？」

「相國，別開玩笑了，」胡亥說：「再怎麼看，牠也是鹿。這樣的鹿，咱們御園裡有的是！」

大臣們看出其中的蹊蹺來了，誰也不敢說什麼。

可是趙高偏要他們說話，他招呼群臣上前：「來來來，你們都過來看看，牠到底是鹿還是馬？」

大臣們都向前圍住那頭「馬」，裝作仔細看的樣子。在趙高逼視的目光下，不能不說話了。

「是的，牠是馬！」

「一點不錯，牠的確是馬。」

「牠不同於一般的馬，是一匹寶馬！」

「這種馬貴重極了！……」

坐在御座上的胡亥，揉揉眼睛又端詳了一會兒。在他的眼裡，那仍是鹿，而不是馬。可是他品出其中的「滋味」來了。這是趙高在施展淫威，誰如果拂逆他的鋒芒，誰就要倒楣。想到這裡，胡亥嚇得嗦嗦發抖。

「這一次朕看清楚了，牠是馬，不是鹿！御園裡哪有這麼寶貴的馬！相國，謝謝您，謝謝您的一片忠心！」

從此，從胡亥到臣子都明白了趙高的狼子野心，對趙高的倒行逆施，誰也不敢說半個「不」字了。

可是，農民起義的烈火已經燒遍大河南北，京城已不能平安無事；趙高不得不睜開眼睛看看當前的形勢。

自陳勝、吳廣起義後，各地義軍風起雲湧，全國幾乎沒有一片平靜的地方。如果朝廷再不想辦法禦敵，很可能幾天之內，這個大秦王朝就覆滅了！

趙高拉出胡亥，要他召開御前會議。可是那些袞袞諸公，卻沒一人能夠說出可行的禦敵之策。

這時，有個人站出來了。他是少府章邯。

少府是個經管山林湖泊稅務的官。官不大，他的收入全部用來給宮廷內府開支，地位就有些重要了。他沒帶過兵，更沒打過仗。可是，在沒人敢於出頭的時候顧不得那些了。趙高問他有什麼破敵之策？

章邯建議把修築驪山陵的囚徒解放出來，以免罪為條件，把他們轉成軍隊。他解釋說：他們中大部分曾經是士兵，受過嚴格

訓練。而囚犯的編制也很像軍隊，所以略一整頓就可上陣殺敵。這樣朝廷手裡一下子就有了三、四萬可用的大軍！

儘管有許多大臣懷疑那些對朝廷心懷仇恨的囚犯，是否能夠為朝廷效力，可也無別法可想了。

軍隊有了，那麼帶兵的將軍呢？往往是誰提出主意誰就是做事的人選。趙高立刻任命章邯為平賊大將軍，即日帶兵開赴前線。

出人意料的是章邯這一絕招奏效了。驪山囚犯軍在章邯的指揮下，節節勝利，很快擊潰了所有農民義軍，簡直是所向無敵。

## 四

趙高這人不過是個魑魅魍魎，除了陰謀詭計，他沒做過一點大氣的事，大秦滅亡在他的手裡，真令人可氣可恨可嘆又可笑！

章邯剛剛取得一些勝利，趙高又嫉妒開了，他怕章邯的權勢過大，尾大不掉。於是便開始限制章邯的權力，甚至切斷章邯軍的供應，因此章邯軍挺進中原的行動也就到頭了。

胡亥三年（公元前207年）夏天，破釜沈舟的項羽，率領抗秦聯盟軍於巨鹿大破章邯軍，在戰場敗北、趙高掣肘的情況下，章邯無心再戰，向項羽投降。

另一路西進的劉邦軍這時逼近了函谷關，指日可兵臨咸陽。

束手無策的趙高派出弟弟趙成暗中與劉邦聯繫、談判，企圖把關中割讓給劉邦，以求得對他秦王的承認。

這樣仍為秦帝的胡亥就成了趙高最後篡權稱王的障礙。

「胡亥該死了！」——趙高對他的心腹們說。

趙高的女婿閻樂帶領百多吏卒去殺胡亥。其時，胡亥正在擁抱著幾個嬪妃飲酒唱歌，看到閻樂仗劍進來大驚失色。

「你……你要幹什麼？」他問。

嬪妃和侍衛看事不好紛紛逃散。

閻樂把劍指著他的面門喝道：「你這傢伙荒淫無道，殘暴狠毒，天下黔首對你無不恨之入骨，這皇帝你是不能當了！」

胡亥嚇得顫抖不已，他問閻樂請求要見丞相。

「不行，丞相沒工夫聽你嘮叨！」

「那就請閻大人轉告丞相，讓我做個萬戶侯吧……」

「你想得倒美，」閻樂嘿嘿一笑說：「連老子我都還沒撈得萬戶侯呢！」

胡亥給閻樂跪下，哭著說：「那就請丞相開恩，叫我和妻子去做平頭百姓吧！」

看到胡亥仍然戀生，閻樂就把話實說了：「胡亥，今天我就是奉丞相之命來殺你的，你就是給丞相當牛做馬也沒有用！——說吧，你是自裁呢，還是我送你上西天？」

胡亥哭了半天，閻樂等不得了，就要拿劍捅他。

「我自己來，我自己來……」胡亥叫道。

他拔出寶劍想割斷自己的氣嗓，可是一連幾下都只蹭破了皮肉，弄得胸前血肉模糊，痛得哇哇哭叫，後來還是由身邊太監幫著他，才又可憐又可恥地走上死路……

胡亥在位三年，死時24歲。以平民之禮葬於杜南宜春苑中，沒有廟號和謚號。

# 第二篇

# 探祕兩漢天子的深宮真相

# 漢高祖劉邦

## 「真龍」天子假身世

　　西漢高祖劉邦，生於周赧王五十九年（前256年），也就是秦國統一天下之前的35年，沛郡豐邑人（現在江蘇豐縣）中陽裡人，字季，有的說小名劉季，秦時曾做過泗水亭長。他在兄弟四人中排行第三。在秦末農民戰爭中因為被項羽立為漢王，所以在戰勝項羽後建國時，國號定為「漢」，定都洛陽，後遷都長安，為了和後來劉秀建都洛陽的「漢」區別，歷史上稱為「西漢」。

　　劉邦年輕時放蕩不羈，鄙視儒生。稱帝以後，他認為自己是馬上得天下，《詩》、《書》沒有用處。陸賈說：「馬上得之，寧可以馬上治乎？」劉邦於是命陸賈著書論述秦失天下原因，以資借鑒。他命蕭何重新制訂律令，即「漢律九章」。劉邦晚年寵愛戚姬及其子趙王如意，疏遠呂后，幾次想廢黜呂后所生的太子劉盈（惠帝）而立如意。但因大臣反對，只好作罷。

　　高祖十二年，劉邦因討伐英布叛亂，被流矢射中，其後病重不起而逝世。

　　公元前195年四月，劉邦在長安長樂宮崩逝。時年62歲，諡號高皇帝，廟號高祖，葬於長陵（今陝西咸陽以東35里處）。年僅16歲的太子劉盈即皇帝位，是為漢惠帝。

# 劉邦身世之謎

第二篇 探祕兩漢天子的深宮真相

歷史上真實的劉邦身世如何呢？那就讓我們從歷史文獻、歷史遺跡中去抽絲剝繭，來探尋其中的祕密吧！

大凡開國皇帝的誕生，總會被後人編排出一些非凡的神奇故事來，以凸顯皇帝出身高貴、皇權天授的命題。因此就有了劉邦的親生父親絕非鄉野平民劉太公之說。這自然是難以證實的。不像現在可以檢驗DNA，做個親子鑑定就可以給出科學論斷。

但是在一代代人們將信將疑的流傳中，難以驗證的也就慢慢地成為公認。況且直接把血脈攀上神龍的譜系，正好能證明劉漢皇家「真龍天子」君權神授，確實是有百益而無一害。

看來太史公司馬遷給高祖派一個無名氏的「神」父，正是遠溯傳統，順理成章。要不然，下蠶室、受腐刑的餘痛猶在，奇恥難忘，司馬遷又怎麼敢公然白紙黑字地挑明高祖與劉太公之間，並無親子關係呢？

司馬遷編撰《史記》是極為嚴謹的，他不但要從古典史書典籍中尋找依據，還要親自遊歷采風，探尋歷史遺跡。

劉邦的家鄉沛縣豐邑一帶，司馬遷是親自去看去聽去探查過的。司馬遷在記敘沛縣出生的幾位西漢開國元老的生平時曾經說道：「我到豐沛一帶采風，訪問當地的遺老故舊，尋觀蕭何、曹參、樊噲、夏侯嬰的故居，搜求他們當年的逸聞往事，真是聞所未聞，大長見識。」

可見，劉邦出生的神話，應該是司馬遷在當地採訪時聽來的民間傳說。在表面荒唐的傳說後面，很可能就隱含著未知的歷史真實。

在古代，倘是背著配偶以外的女人做愛，文言文叫「野合」，在先秦、秦漢史上亦屬常見。

有的專家通過對沛縣山川人物的探查也確實找出了這樣依據：沛縣民間，男女風氣開放，野合外婦，是古往今來的常事。劉邦的大兒子劉肥，就是外婦曹氏所生。外婦就是婚外的情婦，劉肥是劉邦與情婦的私生子，劉邦做了皇帝以後，堂堂正正地封劉肥做了齊國的國王，當時當地，沒有人忌諱這種事情，甚至流傳以為美談。

劉邦生活的年月早已進入夫妻制的文明時代，這時的文人如要神化皇帝的出生，是不會在文字中留下直接的與人「野合」，非婚生育的痕跡的。

司馬遷的描述則與眾不同，他採取婉轉的敘述手法，曲折地表現了這樣的場景：雷雨交加的野外，劉母與一避雨的陌路人一番雲雨，懷上了劉邦。這情景又恰巧被丈夫看在眼裡。

在這裡，司馬遷一面「神化」皇帝，一面依然堅持了自己的史筆原則。假如司馬遷純粹出於神化皇帝出生的需要，那就不會如此赤裸裸的記載劉母與「蛟龍」（他人）發生婚外性關係的真實情景了。

以此推想，司馬遷所採錄的劉邦出生的神話傳說後面，很可能藏有劉邦是野合私生的隱私。

因此，關於劉邦的身世之謎，就有了劉邦其實是非婚生子的結論，就是說，劉邦其實是母親與外人「野合」產下的私生子，是在大家歧視的目光中成長起來的孩子。正因如此，他才形成了

與眾兄弟迥然不同的豁達性格和反抗精神，較早走向社會，並進而成就一番驚天動地的大事業。

關於這一點，學者們從《史記》中為我們挖出了一些線索：

《史記‧高祖本紀》中講到劉邦生得儀表非凡，相貌堂堂，卻不討其父親太公的喜歡，常被指責為「亡（無）賴」，不能「治產業」。「及壯」也就是到了30歲，才與好友一起「學書」，「試為吏，為泗水亭長。」

劉邦

他的成長過程與諸兄弟截然不同，顯示出他從小在家裡是備受歧視的。這是因為太公親眼見到妻子有外遇，不愉快的情緒自然會發泄到劉邦身上。

還有我們上面曾經提到過的關於劉邦與長嫂間的過節，劉邦帶賓客到大嫂家蹭飯。「嫂厭叔」，假裝羹湯已吃完，用勺子刮鍋，賓客離去後，劉邦卻見鍋裡有羹湯，「高祖由此怨其嫂。」直到當了皇帝，長兄的兒子「獨不得封」，太公出面說情，才封了個具有諷刺意味的「羹頡侯」。可見在劉氏大家庭中，連劉邦的嫂子也厭惡這個小叔。這個故事記載於《史記‧楚元王世家》。

正由於劉邦年輕時在家中得不到溫暖,這才促使他投身社會,廣交朋友,成為「仁而愛人,喜施,意豁如也,常有大度,不事家人生產作業」,而有遠大抱負的人。這些與劉邦後來出類拔萃、成就帝業有著直接關係。

當然,也有學者不贊成這一觀點。他們認為,農民出身的劉邦當上皇帝後,其卑微的出身使當時許多封建貴族難以接受。劉邦的部下及其後代也需要神化劉邦,因為他們大多出身貧寒或低級官吏,一步登天之後,也需要有維護其統治的輿論為之張目。

《史記》那樣描述劉母懷孕的情景,正是順應了統治階級的需要。從司馬遷來說,他與當時的儒士們一樣,要服務於皇權,積極參與對劉氏家族的造神運動是理所當然的事。

因此《史記》、《漢書》對劉邦出生的記載應是神話,這在古代史書中並不鮮見。

細細品味《史記·高祖本紀》的有關描述,可以看出來,為了神化劉邦的「龍種」身世,司馬遷的確經過了精心策劃。

「劉媼嘗息大澤之陂」,是有意將故事的發生地點選擇在一個水域環境(大澤),因為龍是「水蟲之神」,「乘於水則神立,失於水則神廢。」接著寫劉媼「夢與神遇」,是在暗示神龍給

司馬遷

劉媼送子來了，劉邦是受天命而生的龍種。接下去，有「雷電晦冥」、天氣驟變的描寫，是因龍總與雲雨雷電伴行。然後，「太公往視，則見蛟龍於其上」，孕而生劉邦，順理成章，而且皆夫妻間祕事，外人無從考查，只能相信所寫是真。

值得指出的是，「蛟龍於其上」，並非龍「伏」於劉媼身上，應該解讀為「龍在劉媼上方的雲層中」，這樣「太公往視」，才能在遠處看見龍。在這裡，司馬遷實際寫的是劉邦乃「感龍而生」，而非與龍的交合而生。「上」指「上方空中」而非「身上」。

東漢的王充在《論衡‧奇怪篇》提及此事時，更明言雷龍在空中而行，劉媼感龍而孕是「吉祥之瑞，受命之徵。」

《史記》所記述的劉邦與長嫂不睦的關係起因應是劉邦「不事家人生產作業」，又常帶一幫混混的朋友到寡嫂家叨擾，長嫂「厭叔」是情理中事，並非因劉邦是「私生子」而加以歧視。

關於劉邦的身世之謎的結論，我們不能說誰對誰錯，歷史本來就留下了很多的謎團，只能依靠一代代學者們繼續深入地探究，說不定有一天，真相就會浮出水面。

# 秦始皇漏殺劉邦祕聞

在中國古代的風水史上,秦始皇東遊鎮壓東南「天子氣」一事,最為著名。其實,秦始皇生前製造的風水事件,遠遠不止這一起。傳說,為大秦帝國的萬年基業,秦始皇當年曾去劉邦家鄉鎮王氣。

始皇三十七年(前210年),秦始皇在東遊外巡過程中,隨行人員裡總少不了善於望氣的術士。到哪裡,秦始皇首先要這些術士察看地理,弄清來龍去脈。傳說秦始皇巡遊到彭城(今徐州)豐邑一帶時,術士發現豐邑有「水龍之勢」,於是秦始皇立即令人挖溝埋劍以斷這裡的「龍脈」。

劉邦能當皇帝,在徐州那邊有不少傳說,最流行的是劉邦祖墳葬到風水寶地上。劉邦出生於徐州沛郡豐邑,劉邦的祖父叫劉清,從魏國首都大梁(今河南開封)遠遷於此,所居的村落後人稱為「金劉莊」。

傳說,當年劉家的房前不知何時自生一棵梧桐樹,此樹不幾年就長成一棵枝繁葉茂的參天大樹。有一天狂風大作,飛來一隻金鳳凰,在樹上築起了窩巢。後來金鳳凰飛走,很奇怪,劉清也跟著病死了。家人便把梧桐樹刨倒,給劉清打副棺材。

臨下葬時,原來晴好的天氣,忽然變了,風雨大作,電閃雷鳴。棺材剛出家門,又不能抬回來,便暫時停在梧桐樹坑旁。待雨停送葬人再來抬棺時,發現棺材不見了,梧桐樹坑上出現了墳

頭。人們看見，墳頭上竟有黑壓壓的螞蟻，正忙著往墳上運土。這便是劉邦祖墳「鳳凰點穴」與「螞蟻圓墳」的傳說。

此事自然是劉邦當了皇帝之後的附會之說。

另一個傳說是，劉邦出生時，正碰上秦始皇巡幸到豐邑，術士感到這裡地氣太旺，便上報秦始皇，稱此處有當有「蛟龍出世」。

據託名堪輿宗師、三國著名術士管輅的《管氏地理指蒙》說，中國境內除了三條山龍外，還有五條「水龍」：

劉邦斬蛇起義

「北以河汾為宗，東以江海為宗，西以川洛為宗，南以閩浙為宗。謂山不獨貴承其宗，水亦各有其祖宗也。河（黃河）水出崑崙山，汾（汾河）水出太原、晉陽山，江（長江）水出岷山，洛水出冢嶺，浙水出歙縣玉山。」

其中，以長江、黃河兩條水龍氣勢最盛。黃河之水發源最遠，但河水四時皆濁，造化不可妄測，五百年一澄清，明主應之；長江之水為四瀆之長，其勢浩蕩，九曲迴腸，為養龍之水。

沛郡則有淮泗之水，處江淮之間，豐邑就因為有豐富的水源而得名「沛」。在古代，當地人以蛇為圖騰。「龍」即蛇的化身，「蛟龍」就是一種水蛇。劉邦在當了皇帝後，民間便據此說，稱他是「蛟龍之子」。

聽術士彙報當地誕生了「龍」後，秦始皇遂下令，把豐邑最

近一段時間出生的男嬰全部殺掉。同時，又在當地壘築高台，鎮壓王氣；挖溝埋劍，以斷「龍脈」。

湊巧的是，劉邦的父母當時帶著劉邦去了沛縣，逃過劫難，「豐生沛養漢劉邦」的說法，就是這麼來的。

但秦始皇的所作所為枉費了。他死後三年，天下就開始造反了，陳勝、吳廣率先起義，劉邦、項羽隨後跟上。最終，嬴姓天下讓劉邦這位「蛟龍之子」奪得。

南唐詩人朱存有感於此，曾詩興大發：

一氣東南王斗牛，祖龍潛為子孫憂；
金陵地脈何曾斷，不覺真人已姓劉。

順便再說件事，傳說中劉邦命理確與蛇有緣。據《史記·高祖本紀》（卷八），當年劉邦在送囚徒到驪山為秦始皇修造陵墓，行至今永城縣芒山一帶時發生變故，劉邦曾親手斬殺了一條擋道的大白蛇。斬蛇後，劉邦宣布起義，順風得雨，最終當上了皇帝。原來劉邦斬的不是蛇，而是神，是化為蛇身的中國古代五帝之一的白帝之子，而劉邦自己是赤帝之子。

漢文帝時，特在劉邦當年的斬蛇處立碑建廟，四時祭祀。如今，芒山景區復建了一座「劉邦斬蛇處」碑亭，新建的碑亭外觀很普通。但據當地的講解員說這個碑亭不一般，劉邦半夜常常會「顯靈」，在漆黑之夜用光往碑亭內的碑上照，就會隱約出現一個人影……

# 劉邦的後宮之爭

漢高祖劉邦的後宮是充滿血腥味的。劉邦的正妻呂后，名雉，字娥姁，今山東單縣人，遷居徐州沛縣。呂后在中國眾多的皇后中，算是心毒手狠、極有心計的一個女人，如果沒有唐代的武則天，想來就數她最著名了。

劉邦是徐州市沛縣陽里村人（一說今豐縣城西），本是一個好吃懶做的人，「不事家人生產作業」、「好酒及色」。整日游手好閒，吃喝嫖賭，無所不會，40歲時還是光棍一個。雖然是個混混，但劉邦腦子好使，什麼東西一學就會。

後來，經人指點，給當地的官員跑腿，混上了泗水亭長。從此，他與縣裡一班官員有了來往，如蕭何、曹參、夏侯嬰。雖然已是個地方小官，但因為有劣跡在前，此時仍娶不到老婆，良家不願把閨女嫁給這個「流氓」大老粗。

俗話說「貴人自有吉相」，《漢書·高帝紀》（卷一）稱：「高祖為人，隆準而龍顏，美鬚髯，左股有七十二黑子。」

據說呂雉的父親會相面，覺得劉邦相貌不俗，有將王之相，將來必成大器，於是將當時已是「大齡女子」的閨女呂雉嫁給劉邦，劉邦這才有了老婆。

對於當今的年代來說呂雉嫁給劉邦時並不算大，才25歲。當時鄉親們都嘲笑劉邦的老丈人嫁女行為很愚蠢，劉邦後來做了皇帝，村人才知道呂父的眼光是如何厲害。

呂雉當年也覺得丈夫將來會有出息，據說她看到，劉邦到哪兒頭頂上總有一團祥雲跟著。

　　結髮妻子呂雉給劉邦生了一兒一女，除了惠帝劉盈，還有魯元公主。但呂雉好爭風吃醋，在當了皇后後更做了許多「人做不出來」的事情，如把戚夫人製成「人彘」，成就了她中國歷史上最毒「毒婦」的罵名。

　　劉邦是很有女人緣的，結婚之前就把一曹姓女人勾上手了，在婚後一樣走桃花運。在與項羽爭奪江山期間，前期老吃敗仗，但卻獲得了一個年輕美貌、後來影響後宮的女人——戚夫人。

　　劉邦得到戚夫人的故事很浪漫，說是有一次敗給項羽後，連飯也沒得吃，逃到一村子裡遇見一個老人。老人姓戚，帶著18歲的閨女在此躲避戰亂。一見帶兵的劉邦，老人嚇得連忙下拜，並帶他回家裡弄菜弄酒給他吃。劉邦見到老人的閨女，頓時動了心思，得知女孩尚未嫁人後，心中竊喜。老人看出意思，就說相面先生講他閨女有貴人之相，難道遇到大王，就是她的前世姻緣？於是要把閨女許給劉邦為妻。雖然說劉邦心裡暗喜，考慮家有妻室，已有呂雉，也客氣了一番才應下。

　　據說，劉邦是解下自己的玉帶作為定情之物，老人當晚便讓閨女陪劉邦睡覺了，劉邦這第二位「老岳父」看來比今天的父母們還想得開呢。但因為這次「一夜情」，戚家閨女從此跟定了劉邦，後來成為劉邦後宮的寵妃。

　　到此，劉邦已有了三個女人，一個情人曹氏，第一房妻子呂氏，第二房妻子戚氏。

　　劉邦與呂雉的感情本來是不錯的，她畢竟是打光棍時的髮妻。但在奪了天下後，情況卻發生了變化。呂雉比戚夫人大多了，戚氏與劉邦「一夜情」時，是才18歲的黃花大閨女，也是中

國歷史上有名的美女之一；而呂氏當年是有嫁不出去之嫌的女人。年齡一大，呂雉自然就成了「豆腐渣」，年老色衰敵不過戚氏。兩人分別當了劉邦的皇后和愛妃（夫人）後，就開始明爭暗鬥起來了。起先戚夫人佔上風，劉邦每次外出都由戚夫人陪侍，而把呂后丟在後宮。戚夫人長得漂亮，歌舞也好。樂得劉邦天天把美人摟在懷裡，而冷落了呂后，漸漸劉邦與呂后之間的情感就出了問題。

劉邦本來已定下呂后生的兒子劉盈為太子，戚夫人卻希望讓自己10歲的兒子劉如意繼位。劉邦也不看好劉盈，覺得性格不像自己，而如意卻很聰明，有自己年輕時的樣子。當劉邦把自己廢太子的想法拿到朝中商議時，如果不是有口吃的大臣周昌冒死力諫，戚夫人的陰謀差點就成了。

後來，戚夫人又多次向劉邦提出立自己兒子為太子的事情，但年老的劉邦心有餘而力不足了，因為在呂后的精心策劃下，太子的勢力已形成，沒有辦法廢了。年幼的如意被迫離開京城到三千里外的封地為王。

漢高祖劉邦死後，劉盈繼位，史稱惠帝。貴為太后的呂雉捲土重來，「惡毒婦人心」顯露了出來。她第一件事情是把「情敵」戚夫人罰為奴隸，讓人用鉗子把她的一頭秀髮統統拔光，搞成了禿子，罰她去舂米勞動，限每天要舂一石，如果少半升則要打她一百棍。

據《漢書》記載，自知命運不濟的戚夫人悲從心中來：「子為王，母為虜，終日舂，薄暮常與死相伍，相隔三千里，誰當使告汝？」

呂后聞訊，心生毒計，把戚夫人的兒子如意誘進京城，暗暗把他毒死了。如意死時是七竅出血，連已稱帝的劉盈也於心不

忍，大哭了一場，用王的禮儀將同父異母的弟弟如意葬了，諡號隱王。

但就這樣還不解恨，呂雉最後用「人彘」之刑，把戚夫人活活給弄死了。自己的兄弟死後，劉盈很悲傷的，但呂后竟然讓他去看「人彘」表演。劉盈也不知「人彘」為何物，便跟著太監去看了，七彎八繞到一間廁所裡，看到一個血人，四肢全被砍了，眼珠被挖了，剩下兩個血窟窿，人還沒有死，身子還能動，嘴一張一張的。

劉盈便問太監這是什麼，一聽是戚夫人，他差點被嚇暈了。原來，呂雉對戚夫人下了毒手，施了酷刑後，又給她硬灌了藥，讓她聽不見，不能語，半死不活地扔到了廁所裡。劉盈在位期間處處受母親呂后牽制，以致最後抑鬱而死，僅做了七年的皇帝。

# 劉邦不敢接近的女子是誰

漢高祖劉邦很理智,他喜好女人,但是從來沒有因為女人而誤事,更不會因為女人而誤國,在他看來女人就像一件玩具,女人的主要作用就是帶給他快樂,使他在百忙之中獲得休息。這樣嬌滴可人的戚夫人就成了他的最愛,呂后那樣的母老虎只能留在後方,但是有一個女人是例外,劉邦既喜歡又不敢親近,這個人就是薄姬。

薄姬出身貧寒。她對她的父親幾乎沒有記憶。秦朝時候,一個來自吳地的薄姓男人,愛上了魏國宗室的遠房親戚之女魏媼,沒有明媒正娶,魏媼懷孕了,生下一個女孩,這就是薄姬。

薄姬的父親很快去世了,魏媼一人帶著薄姬,生活過得很苦,上頓不接下頓。看慣了世態炎涼,歷盡了人間苦難,艱苦的生活磨鍊了薄姬的意志。她貌不驚人,卻很高貴,她衣不華麗,卻很得體,她就像一顆閃亮的珍珠,就是在一萬人之中,你第一眼也能看到她。在艱辛的生活中,是薄姬帶給她母親莫大的快樂,是薄姬的堅強讓魏媼看到了希望。

秦朝末年,陳勝、吳廣在大澤鄉起義,各地諸侯紛紛響應,魏國貴族魏豹在魏國起兵。魏媼看到天下大亂,薄姬已經出落成一個大姑娘了,很不安全,魏豹深得人心,日後應該有所作為,就把薄姬送給了魏豹。魏豹看薄姬樸素、典雅、大方、溫和,就非常喜歡薄姬。薄姬看魏豹高大、魁梧、勇敢、堅強,薄姬也發

自內心地愛上了魏豹。兩個人都認為這是上天注定的緣分。魏豹起兵後，並不順利，秦軍進攻魏國，魏豹戰敗，薄姬鼓勵魏豹繼續戰鬥，建議他去找楚懷王。

此時薄姬才發現自己做事冷靜，思維敏捷，她好像有輔佐別人取得成功的天賦。魏豹獲得楚懷王的支持，在項羽破釜沈舟進行巨鹿之戰的時候，魏豹也收復魏國二十多座城池，接著跟隨項羽兵進關中，此時魏豹看到了項羽的殘暴，他不願意像項羽這樣對待人民，薄姬也認為項羽日後必然失敗。劉邦在關中起兵，明修棧道暗度陳倉，消滅了三秦，魏豹決定投靠劉邦，跟隨劉邦進攻彭城。

但是，魏豹看到劉邦也有問題，劉邦喜歡罵人，罵手下將領就像罵奴隸似的，魏豹出身高貴，從來沒受過這樣的氣，薄姬也不願意自己的丈夫每日受辱。

正當面臨選擇的時候，薄姬的母親魏媼請算命先生為女兒算了一卦，算命先生說薄姬日後「當生天子」，魏豹聽說後，當然想到他日後就是天子的父親。

所以，他們合計的結果就是不隨劉邦也不跟項羽，自己另立山頭。魏豹以探望母親為由向劉邦請假，回到魏國後立即封鎖了河面，劉邦此時最主要的敵人是項羽，就派謀士酈食其前來遊說魏豹，爭取魏豹再次歸附。魏豹說：「人生一世間，如白駒過隙耳。今漢王慢而侮人，罵詈諸侯眾臣如罵奴耳，非有上下禮節也，吾不忍復見也。」

於是，劉邦派韓信進攻魏豹，魏豹是個勇將，智謀不足，不是韓信的對手，被韓信抓獲，送到滎陽，魏豹的地盤也成了劉邦的郡縣。劉邦並沒有殺掉魏豹，他派魏豹防守滎陽，但是把薄姬留在了後方。

項羽的楚軍圍攻滎陽，劉邦的將領周苛認為魏豹曾經反叛，很不可靠，就殺掉了魏豹，後來滎陽城破，周苛被殺。

此時，劉邦沒有必要照顧薄姬了，把薄姬送到了軍隊裡的紡織作坊中，薄姬失去了自己的愛人、土地和權勢，成為了一個官家奴隸，被別人呼來喚去，連打再罵，像狗一樣活著，連她的母親也憂鬱而死。薄姬那顆高貴的心靈彷彿被揉成了麵團，又被切成了菜餡，薄姬深悔不該讓魏豹反叛劉邦，一再譴責自己的急躁莽撞。

後來劉邦也聽說了這個「當生天子」的薄姬，他來到紡織作坊。此時的薄姬衣衫襤褸，疲憊不堪，但是掩不住她高貴的氣質。劉邦看到薄姬，立即被觸動了內心深處的東西，劉邦雖然出身痞子，但他追求高貴，薄姬的氣質就像公主一樣，劉邦看了又看，把薄姬納入後宮。

劉邦也知道自己痞子氣很濃，薄姬雖入後宮，劉邦卻不敢登門撒野，他的內心深處總有一種自愧不如的感覺。劉邦即使在被項羽打得大敗的時候，也沒有這樣缺乏自信。

到了宮裡，薄姬的生活改善了，她又開始研究身邊的人了。醋壇子似的呂后使她偷偷發笑，曲意奉承的戚夫人使她嗤之以鼻。對比劉邦，魏豹確實不能成就大業，劉邦耐心、沈著、智慧、頑強，魏豹勇敢、急躁、膚淺、幼稚。當初魏豹被韓信生擒回來，劉邦不殺魏豹，也算是大恩了，現在劉邦已經稱帝，一統天下，也算是大貴了，對於這樣一個人，自己還能有什麼不滿意呢？

在後宮爭取劉邦寵幸的大潮中，薄姬不由自主地希望得到劉邦的青睞，起碼看一看這個成就大業的人。

雖然劉邦對薄姬印象很深刻，但是她彷彿來自另一個世界，

像謎一樣讓劉邦猜不透。一天，劉邦跟自己的兩個寵姬管夫人和趙子兒玩耍，聽兩個人說起她們小的時候和薄姬是很好的朋友，薄姬和她們相約：「先貴無相忘。」

此時，劉邦才明白薄姬追求的就是富貴，劉邦終於有了信心，決定臨幸薄姬。這天薄姬做了一個夢，夢見天上的蒼龍落入了自己腹中。第二天，劉邦來了，兩個人聊起往事，薄姬把自己的夢告訴劉邦，劉邦說：「此貴徵也，吾為女遂成之。」於是兩個人共赴巫山。

完事之後，薄姬發現劉邦和魏豹完全不同，劉邦完全沒有魏豹那份真情，更沒有那份專注，在和劉邦的做愛中只有性沒有愛。在親密接觸中，薄姬感覺到了劉邦的虛偽、狡詐和薄情，而魏豹是那樣的真誠、熾烈和激情，是啊，魏豹為什麼死？當初周苛怎敢擅自殺害魏豹？一定是有劉邦的允許，以劉邦的陰險狡詐，他一定會安排周苛在危急的時候殺死魏豹，這太符合劉邦的性格了。

想到這裡，薄姬感到骯髒和恥辱，在黑暗中握緊了拳頭，眼角掛著淚珠。劉邦也感覺到了什麼，薄姬對他來說仍然是個謎，而且薄姬有著驚人的智慧，她想的問題並不在他的思維之內。薄姬一夜無眠，劉邦也差不多。天還沒有亮，劉邦就起床走了，薄姬急奔浴室，清洗自己的身體。

劉邦知道他騙不了薄姬，再也不能去薄姬那裡了，否則他殺害魏豹的真相就會完全暴露。他在薄姬的眼中不單看到了無奈，也看到了怒火，他在內心深處喜歡薄姬，但是他知道薄姬永遠不會屬於他。薄姬更加不幸，當初她和魏豹夜夜歡情，盼望著有個孩子，卻一男半女都沒有，現在和劉邦同床異夢的一夜，卻使她弄大了肚子。儘管身在宮中，她照樣可以不去面對劉邦，但是她

又怎能不面對這個孩子呢？是恨？還是愛？是恥辱？還是歡樂？是陰暗的地獄？還是明亮的天堂？蒼天啊，你打一個霹靂，驅散這漫天的霧氣吧！

十個月後，薄姬順產一子，起名為劉恆，也就是後來的漢文帝。孩子一降生，薄姬就急切地要看看，孩子不像劉邦，也不像魏豹。他安詳地躺著，平靜、溫和、純良，就像雕像一樣。

劉邦死後，呂后掌權，所有爭寵的妃子都被囚禁起來，戚夫人更是「罪大惡極」，被鑿眼，挖耳，斷四肢，酷刑處死；薄姬由於不受寵愛，呂后允許她和她的兒子一起住在封地。

薄姬也越來越喜歡劉恆這個孩子，他聰慧、平靜、善良、高貴，完全不同於劉邦的奸詐，薄姬決定用自己的全部力量把孩子培養成偉大的諸侯王。薄姬總結了魏豹失敗的教訓，她明白，如果只運用智慧和力量去爭取成功，那是不夠的，必須還要有品德，所以她培養劉恆的第一要義就是品德。

她找來所有古代帝王傳記，延請最好的老師為劉恆講解，認真分析古人成敗的深層原因，劉恆也不負薄姬所望，日漸長進。薄姬輔佐帝王的夢想再一次變成了現實。

# 漢文帝劉恆

## 賢德之君有怪癖

漢文帝劉恆，生於公元前202年，是漢高祖劉邦的第四子，漢惠帝劉盈同父異母的弟弟，母親薄氏，後被尊為薄太后。

公元前196年，劉邦鎮壓陳豨叛亂後，7歲的劉恆被封為代王。劉恆和母親薄氏並不得劉邦的寵愛，他能當上皇帝，也要拜呂后所賜。劉邦有8個兒子，但呂后只生了漢惠帝劉盈。劉邦和劉盈死後，呂后為了掌權，先後對庶出的其餘諸子大加迫害，有四人為其所害，只有老大劉肥得以善終。到呂后逝世時，劉邦的兒子中只剩下淮南王劉長和代王劉恆。待諸呂叛亂被平定後，大臣們在一番權衡之後，終於把名不見經傳的劉恆扶上皇位。

公元前180年冬，劉恆在長安登上了皇帝寶座，史稱漢文帝。

公元前157年，漢文帝劉恆病死於長安未央宮，享年45歲，廟號太宗。他還獲得了一個最美好的諡號——「孝文皇帝」。

所謂「文」，代表著「經天緯地」、「道德博聞」、「學勤好問」、「慈惠愛民」、「愍民惠禮」等豐富的含義，這都是從不同的角度概括了漢文帝的政績。

漢文帝劉恆是西漢歷史上一個重要的轉型期皇帝。他上承高祖、惠帝，平息了呂氏集團；下啟景帝、武帝，終於成就了西漢王朝「文景之治」盛世和漢武帝時「大一統」的輝煌，他是這一光輝歷史時期的開拓者和奠基人。

漢文帝死後，由其子劉啟繼位，是為漢景帝。

# 劉恆如何以代王身分登上皇帝寶座

漢文帝劉恆開創了我國封建時代的第一個盛世——「文景之治」，因此而被歷代譽為一代聖明的君主。漢文帝劉恆深知治國之道，也頗具治國之才，他奉行漢初以來「休養生息」的政策，採取了輕徭薄賦、發展生產、大量安撫百姓的措施，使全國上下呈現出國富民強的景象。

漢文帝還大力推行了安撫邊疆、減少征戰的條例，實行節儉費用，除苛政、教化百姓、杜絕誹謗等措施，並虛心納諫、重用謙吏，使漢朝出現了國泰民安的盛世。漢文帝的政治清明為後人所敬仰，其身世之謎也同樣讓人感到好奇。

公元前204年，當時的漢王劉邦打垮了魏王豹，掠奪了魏王豹的宮人侍女，讓她們負責織布服役。有一次，劉邦偶然來到織布之處巡視，在人群中看見一個女子長得清秀沈穩，柔弱可愛，好色的劉邦就把她帶回了自己的後宮。這個女子姓薄，是她父親和魏王宗室的魏氏女子私通生下的孩子，她以為被漢王看中，自己就有了出頭之日，所以高高興興地跟著劉邦來到了漢王後宮。可是沒想到，劉邦轉身就把她忘掉了，從此再也沒有被召幸過。

有一次，劉邦的心情很好，就找來兩個嬪妃，和她們一起飲酒作樂。這兩個美人曾和薄氏相約同富貴。現在她們倆把這個約定當做笑話講給劉邦聽。而劉邦聽了之後，忽然動了惻隱之心，覺得那個薄氏女子很可憐，於是就決定當天晚上召幸她，讓她沐

浴一下自己的龍恩。

薄氏女子昔日裡和那兩個美人十分要好，又同是從魏王豹的宮中被擄來的，三個人感情好得像親姐妹一樣，哪曾想今日卻是天壤之別呢？人家那裡夜夜鶯聲笑語，備受恩愛，哪曾想今日卻是自己一個人冷冷清清受苦？想到這些，薄氏女子不禁淚流滿面。

這日，薄氏又在暗自垂淚，怨恨命運的不公平，忽然聽說劉邦駕臨。薄氏戰戰兢兢地起身歡迎。劉邦看到這個女子乾枯瘦弱的身材，哭腫的雙眼，又未施粉黛，頓時興趣索然，轉身就想走。薄氏稟告蒼龍入腹之夢。劉邦這時正處在與楚霸王爭奪天下的最關鍵時刻，聽了薄氏的話，頓時大喜過望，說這是地位尊貴的吉祥之兆，於是當晚就寵幸了薄氏。

就是這短暫的一夜歡娛，薄氏竟然產下一子，劉邦給孩子起了個名字就是叫劉恆。雖然如願地生下了皇子，但是薄氏卻並沒有如自己當初想像的一般，從此可以徹底改變了自己低賤的身分地位。她仍舊是個姬妾，沒有當上妃子，而劉恆也因為母親不受寵，極少見到父親，自然也不被劉邦喜愛。母子二人一直在宮中小心謹慎地生活著。

劉邦一共有八個兒子，諸子結局都很不幸，唯獨劉恆因為薄姬不受寵，所以不被呂后嫉恨，母子兩個反而因此得以保全性命。

劉恆就是日後的漢文帝。他即位之初，就賞賜功臣，把劉氏宗室的利益予以恢復。還命令諸侯們都離開京師回到自己的封存地去住，維護和鞏固了自己的皇權。

漢文帝劉恆在位達23年，其間推行「安定百姓」的國策。他和平地解決了邊疆問題，又採取和親與防禦相結合的政策對付匈奴。他在位期間，盡量減少戰爭開支，重視農業，降低田稅，鼓勵生產。漢文帝在國事開支和個人花費上，也是精打細算。他的

長衣，不能用繡花的貴重絲織物，從而杜絕了後宮效仿奢侈的風氣，他還廢除了從秦漢以來一直被沿用的許多酷刑，如連坐、肉刑等；還對民施教，以教化育人。

於是，全國上下的犯罪率不斷下降。他不把自己的過錯歸結給臣民，鼓勵百姓大膽地講真話、講實話，但不能誹謗和妖言惑眾。此外，漢文帝重用了一些敢於執法的官吏，如馮唐、魏尚、張釋之等人。他採取的一系列措施，開創了「文景之治」國泰民安的盛世局面，他也被後人贊揚為仁君和明主。

與其他古代帝王相比，漢文帝劉恆是否君權神授，並沒有什麼重要。只要他仁政愛民，體恤百姓，並且保持政治清明，國家呈現出繁榮興盛的盛世景象，他就是好皇帝。或許，當初他母親薄姬只是急中生智為了挽留劉邦，才想出這一招，把自己與蒼龍交合的夢說出，無意中注定了自己的命運，或者說，改寫了漢朝的歷史。

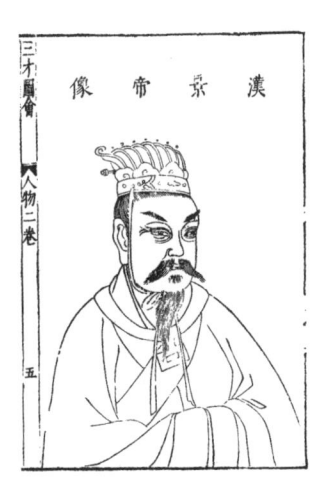

漢景帝 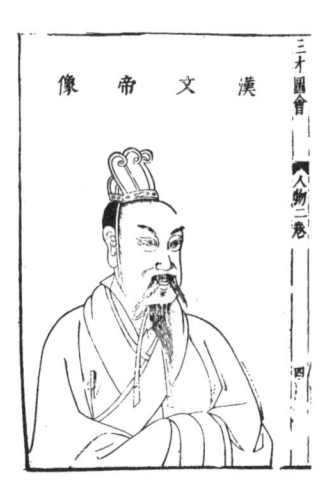　　　　　　漢文帝

# 淮南王劉長之死與劉恆有關嗎

淮南王劉長是漢高祖劉邦的小兒子,不過他的身世比較特殊,他的母親是以前趙王的嬪妃,趙王把她獻給了劉邦,她得到了劉邦的寵幸而懷孕,趙王便為她專門建立宮室,把她供養起來。後來,趙相在柏人縣謀弒高祖,事發後趙王因之而同時獲罪被捕,自然也包括這個趙姬。

趙姬在被囚禁時說明自己已經得到高祖的寵幸而有孕,獄吏報告這件事情後,劉邦先是沒有理睬。她的弟弟拜託辟陽侯審食其把這件事情告訴呂后,呂后自然不會向劉邦求情。等生下劉長後,劉長的母親便因為怨恨而自殺。獄吏將劉長抱到皇上面前後,劉邦非常後悔,便下令讓呂后收養。

後來,淮南王英布謀反,劉邦便立劉長為淮南王,掌管英布所屬四郡。

由於劉長由呂后養大,所以在呂后殺諸皇子的血雨腥風中,他得以逃脫。想來也可能因為劉長與呂后比較接近,也養成了驕橫的性格特點;再是當他長大知道自己的身世後,便對辟陽侯十分怨恨,只是他畏於呂后而不敢發作。

呂后死後,代王劉恆就以高祖在世的長子身分做了皇帝,就是漢文帝。漢文帝繼位後,劉長自恃自己是漢文帝最親近的兄弟,驕橫不守法,打獵的時候甚至和漢文帝同乘一車,直呼「大兄」。最出格的一件事是刺殺辟陽侯審食其。

劉長是個大力士,能扛起一座沈重的鼎。這一天,劉長前往審食其府上拜訪,審食其出門迎接,劉長掏出袖子裡藏著的鐵錐椎擊審食其,接著用匕首刺死了審食其。隨後,劉長進宮求見漢文帝,裸著上身謝罪。漢文帝念劉長是為了母親的緣故,赦免了他。返回自己的封國後,劉長根本不按漢朝禮制行事,自己另搞一套法令,自比於天子。

由於漢文帝的姑息縱容,劉長自然有恃無恐,更加驕縱起來。不要說一般人怕劉長,就是文帝的母親薄太后及太子都害怕他。劉長竟然以為自己十分了得,就在公元前174年,組織了70個人、40輛車在谷口縣起事謀反,並聯絡閩越及匈奴。這樣的謀反讓人感到十分滑稽,自然很快便被朝廷發覺,淮南王劉長被抓捕到了長安。

到了京城,先是群臣歷數了劉長的七項大罪:一是廢棄先帝文法,不服天子詔令,不遵守法度,自製天子車駕,擅為法令,不實行漢家王法;二是擅自委任官吏、搜羅罪犯,圖謀不軌;三是夥同棘蒲侯柴武的兒子柴奇謀反;四是朝廷發覺後,又殺人滅口;五是劉長濫殺無辜,又任意赦免,任意賜爵;六是劉長有病,皇上賜信函及棗脯,劉長不願意接受,也不接見使臣;七是不接受皇上對窮人的恩賜,下情不向皇上上奏,又大罵國相背叛他而效忠於朝廷。

所以群臣以為應該依法制裁。漢文帝心有不忍,又交給列侯和二千石處理,大家仍以為應該依法制裁。漢文帝仍然不忍心治劉長的罪,將劉長發配到蜀郡居住,特批每天供應劉長五斤肉,二斗酒,准許妃嬪10人隨同前往。

劉長上路之後,袁盎向漢文帝進諫說:「陛下素來嬌縱淮南王,也不給他安排嚴厲的太傅和國相,所以才會落到今天這種地

步。淮南王性格剛強，如今這麼懲罰他，恐怕剛強易折，如果死在路上，陛下就會落下殺弟之名。」

漢文帝說：「我只是特意讓他吃點苦頭，馬上就會讓他回來的。」

劉長虎倒虎威在，沿路各縣的押送者都不敢打開囚車的封門，生怕劉長奮起神威，越獄而逃。受到了這種待遇，劉長對隨從說：「誰說我是一位勇士？困在這囚車裡面，我怎麼還能勇猛得起來？這全是我平素過於驕橫的緣故。人生天地間，怎能如此鬱悶！」於是堅決不吃飯，活活將自己餓死了。

漢文帝聽說後，哭著對袁盎說：「悔不聽你的勸諫，淮南王果然死了！」

袁盎勸解道：「這是無可奈何之事，請陛下寬懷。」

漢文帝終於說出了心裡最大的顧慮：「我要留下殺弟的罪名了，怎麼辦才好？」

袁盎說：「殺了丞相和御史當替罪羊就行了。」

漢文帝一聽，覺得有些過分，但又怕留下殺弟的罪名，於是就下令把沿路沒有打開囚車的官員統統殺了。

# 劉恆為什麼寵幸鄧通

古語說，「一朝天子一朝臣」，每個皇帝都有自己寵愛的大臣甚至內侍太監等，即使是明君也有這樣的癖好。但是，歷史也往往有這麼一個規律，一個人如果過於受到皇帝的寵愛，權傾朝野、富甲天下，往往會在宮廷之中受人妒忌、被人排擠，對那些沒有豐功偉績，只會媚上的男寵來說更是如此。當老皇帝去世，新皇帝即位的時候，這些單單受寵而無功無德的寵臣們，只會是一個悲慘的下場。

一代明君漢文帝也有這樣的逸事。

鄧通是漢文帝的嬖臣，所謂嬖臣也叫佞幸，通俗地說，就是男寵。在漢朝，皇帝們擁有男寵是相當普遍的，史書上記載很多。在兩漢25個劉姓帝王中，有10個皇帝有男寵，佔到40%，至於其他60%的漢朝皇帝，也不是完全沒有男寵，但其事蹟不那麼突出罷了。

據說，漢文帝對鄧通十分寵愛，不但出入相隨，夜間更同榻共眠。漢文帝是歷史上有名的勤儉皇帝，他連一件穿破了的衣服也捨不得丟掉，但對男寵鄧通的寵愛卻無以復加，在鄧通身上所花的錢難以計數。鄧通出身卑微，漢文帝卻賜予他大量的財富，使他富比王侯，又賜予他高貴的官職，使他名列公卿。鄧通究竟有什麼過人之處能討得文帝如此厚愛呢？

實際上，這個鄧通沒有別的愛好，從來不會利用皇帝對自己

的厚愛來達到個人目的，也從沒有因此為他人牟取非法利益。鄧通沒有什麼本事，只有一套拍馬屁、阿諛奉承的本領，於是他拿出渾身解數奉承吹捧，以取媚於漢文帝，時常能把文帝捧得雲裡霧裡的。漢文帝對他特別滿意，經常偷偷跑到鄧通家玩耍。

據《漢書‧佞幸傳》記載，說鄧通得寵是緣於漢文帝做的一個奇怪的夢：

有一天，漢文帝做了一個夢，夢見自己在不停地往天庭上攀登，一直登了很長時間，眼看就要進入天庭了，最後一步卻怎麼也踏不進去，這時文帝已經感到筋疲力盡了，心裡非常著急。正在這時，忽然一個頭戴黃帽的人從天而降，他從背後推了文帝一把，文帝一下子就登上了天庭。文帝心裡很高興，忙回過頭來向那人致謝，發現那個人已經轉過身去，衣袋在背後打了一個結，文帝正要叫住他時突然驚醒了，夢中的一切也全都消失不見了。

文帝回憶夢境，歷歷在目，就和身邊的人說起了這個夢，大家都說是吉兆，文帝夢裡位列仙班，又有神人相助，這是皇上之喜啊。文帝也暗暗地高興，暗忖道：「此人既來助朕，一定是江山柱石之臣，我一定要找到他。」

從那之後，文帝就注意留心觀察。沒過幾天，文帝出遊，來到河邊渡口的時候，遙遙望見有數十名頭戴黃帽的船夫正在那裡駕船靠岸，文帝見那班人所戴之帽，正與夢中所見的相符，心裡不禁暗喜。劉恆登上船，又見一個船夫將衣襟結於背後，很像助他登天之人，於是將船夫招來問話。那個船夫從來沒見過皇上，心裡非常緊張，結結巴巴地說名叫鄧通，由於緊張，說成了名叫「登通」。

文帝想，此人名字竟與夢境一樣，鄧通不正是「登天必通」的諧音嗎？他既然能把自己推上天，必定是個奇才。於是，文帝

認定了正是這個船夫夢中助他登天，因此特別寵愛他，立即賞了他很多財物，並且任命他為御船船監。

鄧通感到突然福從天降，心裡說不出的驚喜，一直不敢相信這是事實。後來他通過文帝身邊的太監，才知道文帝做夢的事。鄧通心裡當然明白，自己哪裡助了皇帝登天的一臂之力，完全是騙人的鬼把戲，只是皇帝自己糊塗了而已。鄧通知道自己除了會划船以外，其他什麼都不會，因此他處事非常謹慎，他明白只要討好了文帝，自己就不會露馬腳，因此極盡媚獻之事。

文帝念念不忘自己夢裡登天一事，他認為鄧通肯定是上天派來助他的奇人，就找來一個很有名氣的人給鄧通相面。相士看了鄧通的面相後，就說鄧通的富貴只是暫時的，此人日後定會貧餓而死。

文帝很不高興地說：「能讓鄧通富貴或貧寒的只有我一個人，有我他怎麼會貧寒呢？我現在就讓他富貴起來，讓他幾輩子都有花不完的錢。」

於是，賞賜蜀郡的嚴道銅山給鄧通，使他享有鑄造錢幣之權，這種把國家的造幣權賞賜給人的行為實在是歷史上少有的，於是鄧通富可敵國，當時就有「鄧氏錢布天下」的說法。鄧通也對文帝感激涕零，想盡辦法報答文帝。

一次，文帝的背上長了瘡，治了很長時間也不見好轉，後來竟慢慢地潰爛流膿，文帝痛得鑽心，整天臥床，不敢動彈，人也憔悴了很多。鄧通覺得表現自己的機會到了，整日伺候在文帝身邊，侍疾問藥，殷勤備至。

有一天，鄧通替文帝往傷口上敷藥，鄧通見瘡已化為膿血，竟用嘴巴替文帝把膿血吸了出來。膿血一經吸出，文帝的疼痛立即減輕了幾分，鄧通又繼續將膿血全部吸出，文帝的病一下子好

了大半。文帝大受感動，心想關鍵時刻還是鄧通對自己最忠心，總算不負對他的提拔和寵愛。

　　文帝感慨道：「朕貴有天下，你說天下誰最愛朕呢？」鄧通獻媚說：「皇上為人君，亦為人父，最愛皇上者，自然是太子了。」文帝深以為然。

　　皇帝有疾，太子當然不敢怠慢，也是天天進宮來問安侍奉。鄧通說完不久，太子就進來了，文帝便叫太子來給他吮瘡。太子無奈，跪在榻前，太子見瘡口膿血模糊、腥臭難聞，感到一陣惡心，但又不敢違抗旨意，就對著文帝潰爛的瘡口，勉強把嘴巴湊上去。太子自幼嬌貴，那裡受過這樣的委屈，嘴還沒碰到瘡口，竟惡心得嘔吐起來，文帝非常不高興，一腳踢在太子身上，罵道：「生兒子還不如養個畜生！」

　　太子慌忙退了出來。後來太子聽說吮血之事是鄧通所為，說太子最孝者也是鄧通所言。心裡暗暗地嫉恨，認為鄧通是故意離間他和父親的關係，肆意爭寵。

　　文帝是鄧通的唯一靠山，文帝死後，太子劉啟即位，就是漢景帝。景帝厭惡鄧通，就示意丞相藉故把他革職，讓他回家閑居了，但是鄧通不知變通，懷疑丞相申屠嘉故意與他作對，竟然上書辯冤。景帝不去治鄧通的死罪，已是看在先帝面子，現在見他不知悔過，就把他拘入獄中。

　　鄧通一倒台，就有人告他私鑄錢幣，主審的官員痛恨鄧通無能卻竊據高位，又受到景帝的暗示，將他的家產統統充公。由於文帝臨終前曾經留下遺言，不能讓鄧通餓死，於是一位公主將他收容在家裡。誰知公主家人都厭惡他，鄧通待不下去，只好流落街頭。就這樣，曾經富甲天下的鄧通，最終在飢寒交迫中死去，應驗了相士的預言。

# 漢武帝劉徹

## 鐵血男兒柔腸情

　　公元前141年,漢景帝劉啟在未央宮駕崩,終年47歲。太子劉徹登基,是為漢武帝。

　　公元前87年,漢武帝劉徹駕崩,在位54年,享年70歲,葬於茂陵,廟號世宗,諡號孝武皇帝,《諡法》說,「威強睿德曰武」,意思是說威嚴、堅強、明智、仁德叫武。

　　漢武帝劉徹奮其先輩五世之餘烈,施展其雄才大略,創造了震古爍今的輝煌業績。他開創了一個光輝燦爛的盛世時代,建立了在當時可與西方羅馬帝國相媲美的東方最強大的大漢帝國,成為世界文明的中心。

　　然而,漢武帝也有受人非議之處,其中最為人詬病的是「窮兵黷武」,即批評武帝濫用武力。中國人向來不喜輕動干戈,因為發動戰爭,除了犧牲老百姓生命之外,同時也會影響國家財政,而演變成苛斂暴徵,影響民生。武帝雖然興世鼎盛,可也無法避免這種批判。他連年用兵,南征北討,尤其是與北方匈奴之交戰,幾乎耗盡國家所有國力,結果導致了嚴重的財政危機,此亦為不容爭辯之事實。

　　可以這樣說:漢武帝一手締造了大漢王朝的輝煌,又一手製造了帝國的衰落……

# 陷入求神的泥潭不能自拔

漢朝初年的皇帝信奉無為的黃老之學，高祖、惠帝、文景二帝，對生死的態度都非常淡然，例如漢高祖劉邦達觀知命、生死由之，臨死之時不迷信他物；漢文帝則更加通徹明悟，順其自然，他直接下詔指出生死同草木枯榮一樣，自然之理。這四位皇帝都不怎麼相信神仙鬼怪。

而漢武帝卻一生信仰鬼神，相信有長生不老之術。他每次都能發現方士的欺詐，馬上毫不留情將他們置於死地，但他一直認為神仙是有的，只不過這些方士的本領太差。因此，劉徹殺了一個，又相信另一個，他陷在求神的泥潭中不能自拔。

漢武帝早在即位之初，就一直在不停地尋找，希望能找到一條升仙之路，擺脫死神的糾纏。他掌上握有最尊貴的權力，他可以滿足自己的一切慾望，但對於死亡，他卻束手無策。他並不只想為了自己獨尊至上的權力而生存，為了成仙長生，他願意拋棄一切。

漢武帝崇信鬼神是有家族淵源的，他的母親王夫人出身卑微，本來已經嫁給了一個姓金的人，後來因為

漢武帝

漢武帝的外祖母通過卜卦得知自己的女兒貴不可比，竟然將女兒硬生生地搶了回來，送入皇太子的宮中，隨後就生下了劉徹。

在封建社會裡，自然是母以子貴，隨後，劉徹由膠東王而被立為太子，王夫人就一躍成為母儀天下的皇后。一人得道，仙及雞犬，王氏家族遂拜相封侯，顯赫一時。這更加驗證了卜卦之靈驗。漢武帝小的時候母親常常對他講這些應驗符照之事，這樣一來，劉徹長期受母親的影響，也崇信起鬼神來。

漢武帝相信鬼神，追尋神仙夢，還有一個原因，就是他即位後，他的陳阿嬌皇后多年無子，導致漢武帝膝下空虛，帝嗣無人。於是，漢武帝祈禱神靈保佑。後來，在他29歲時，衛子夫生下了太子劉據，漢武帝這才遂了心願。可是，陳皇后阿嬌嫉恨衛子夫，在宮中興起了「巫蠱之禍」。漢武帝感到巫蠱之事直接威脅到了自己的生命安全，於是開始向神祈福，嚮往神仙的願望更加強烈了。再加上漢武帝喜歡榮華富貴，於是，他追求神仙的興趣日益增加了。

漢武帝的神仙夢是從敬祠神君開始的，神君原本是長陵地區的一位婦女，她生下一個男孩，幾歲時就夭折了。神君悲痛過度，結果精神失常，經常胡言亂語，裝神弄鬼。起先是她的妯娌們把她供奉起來，招致了鄉鄰來求神問藥，神君的話往往靈驗。漢武帝的外祖母也曾拜過神君，結果後來自己的子孫們都發達起來，尊貴無比。

漢武帝即位後，王太后就把神君請到宮中，供養起來。每當祭祀的時候，神君只現其聲，不現其人。而且她經常在夜間說話，說的盡是世俗常識，武帝依舊把她奉若神明。

據說，大將軍霍去病未成名時，也曾去向神君祈福。神君當時雖是喪子，但風韻猶存，她見霍去病相貌堂堂，就心旌搖蕩，

第二篇 探祕兩漢天子的深宮真相

刻意修飾了自己，想去勾引霍去病，可遭到了霍去病的嚴詞拒絕，並且從此再也不和她見面了。神君覺得羞愧難當，向漢武帝要求離開皇宮。可漢武帝不知其中內情，堅持不讓她離開，還以為是自己慢待了神君，反而更加善待供奉。

如果說漢武帝相信神君還只是對鬼神的迷信和崇拜，那麼他接受方士的學說，就是為了實現長生不老、得道成仙的夢想了。

漢武帝相信的第一個方士叫李少君。公元前134年，有個自稱活了幾百歲、有返老還童仙方的李少君方士到了長安。有一次，在別人家裡喝酒，李少君看到酒席上坐著一位90歲的老者，就一本正經地說他曾經和老者的祖父在某個地方打過獵。那個暈暈乎乎的老者不知道這其實是李少君早就打聽好了的，只是好像記得80年前的確和祖父一起在那個地方打過獵，就連忙稱是。這一下，滿堂的客人都十分驚異，把李少君當成了「活神仙」。

漢武帝聽說這件事後，連忙把李少君請到宮中，問他有什麼長生不老的方法。李少君就開始胡亂吹起來。他說，要先虔誠地祭祀灶神，把鬼神請來，然後就可以將丹砂煉成黃金。用這種黃金製作的器物飲酒吃飯，就可以延年益壽、長生不老。他還吹噓自己曾經在東海上見過仙人安期生，仙人送了他一顆和瓜一樣大的仙棗。漢武帝想去蓬萊見神仙，他就說要先找到脾氣古怪的安期生，這樣就能見到神仙。

對於這些胡說八道的謊言，一心想成仙的漢武帝竟然深信不疑。他一面親自祭祀灶神，派李少君給他在皇宮裡煉製丹砂，一面派人去東海找那個根本不存在的安期生。可是李少君並沒有能長生不老，不久就死了。漢武帝以為他是個仙人，絕不可能死亡，只是拋去肉身，羽化成仙了，反而愈加相信修道成仙。

漢武帝相信的第二個方士是齊人少翁。當時，漢武帝最寵愛

的李夫人剛死，武帝常常思念她。於是少翁聲稱自己可讓漢武帝見到李夫人，通過一番裝神弄鬼，加上燈和影的運用，還真讓漢武帝依稀見到了日夜思念的李夫人的影子。漢武帝一高興，就大大賞賜了少翁，並拜他為文成將軍。

後來，又有人給漢武帝推薦了方士欒大。欒大和少翁是舊識，他善於甜言蜜語，又好吹牛。他向漢武帝誇口說，自己也曾遊於海上，見到過煉製仙丹的神仙，只是自己人微言輕，怕仙人們不肯傳授自己神仙之術。漢武帝遂賜給欒大尊貴的地位，後又拜為五利將軍。

不久，又賞賜給他天士將軍、地士將軍、大通將軍和天道將軍四道金印，甚至賜列侯甲第，還把長公主嫁給了欒大。欒大經常在夜間祭祀，說是能迎神送鬼，後又稱自己可以入海訪仙，離開了長安。漢武帝後來終於發現自己上當受騙，遂把欒大殺掉了。

漢武帝儘管連連上當，但他對於求神仙的信念一直沒有動搖，他認為東海中的確有三座神山，名叫蓬萊、方丈和瀛洲。他聽齊燕兩地來的人都說，仙山上的萬物都是白的；仙人居住的宮闕都是用黃金和白銀築造而成的，許多神仙住在三座神山上，長生不死之藥也藏在那裡。漢武帝對此深信不疑，只是認為方士的法術太低，所以才屢次求仙不成。

漢武帝牽腸掛肚地求了50年的神仙，用了數以萬計的方士接連不斷地入海求仙、入山覓藥，不惜揮霍無數的財力、人力、物力，他終究沒有見到神仙，更沒有成為神仙。尤其是「巫蠱之禍」，造成了太子劉據冤死，從而擾亂了國家正常的皇位承嗣。他終於對求仙由懷疑到摒棄，並且幡然悔悟。

# 揭祕劉徹「金屋藏嬌」

漢景帝的妃子王美人生子劉徹。這時景帝已有好幾個兒子，其中栗姬生子最多，景帝以前本來最寵愛栗姬，曾與她私下訂約，將栗姬生的長子劉榮立為儲君。如今景帝寵愛王美人，王美人又生下一子，傳說王美人懷孕時夢見了太陽鑽入懷中，漢景帝很高興，認為是個吉利的夢，預示著小孩子將來會有大作為。栗姬聽到後自然是非常生氣。

館陶長公主是景帝胞姊，生有一女，芳名叫阿嬌。長公主打算將女兒許配太子，日後就是皇后。她便派人去問栗姬的意思，她以為門當戶對，一說便成。誰知栗姬不願聯姻，竟然一口回絕。原來長公主與景帝姐弟關係很好，許多後宮妃子為得寵幸，都奉承長公主。長公主也不忍卻情，時常代為引薦。栗姬素來妒忌，對此事耿耿於懷，加上見識又短，因此當長公主為女議婚，便不顧情誼，隨口拒絕。長公主這一氣，非同小可，遂與栗姬結下冤仇。

王美人聽說這件事，乘此機會，勸慰長公主。長公主說及栗姬，尚有恨聲，她隨口接說：「彼既不識抬舉，我將阿嬌配與徹兒，也是一樣。」

王美人心中自然暗喜，但嘴上卻謙遜地說道：「徹非太子，怎敢有屈阿嬌。」

惹得長公主聳眉張目，且笑且恨道：「栗氏以為己子立儲，

將來定得為皇太后，千穩萬當，哪知還有我在，管教她兒子立儲不成！廢立常事，且看我的手段如何。」

王美人又假裝勸慰一番，長公主憤然道：「她既無情，我也無暇多顧了！」

王美人善於以退為進，最後激長公主與她暗訂了婚約。

王美人見了景帝，就說起長公主願結兒女姻親。景帝以阿嬌長劉徹數歲，似乎不合適，所以沒有遽然答應。王美人又將長公主請至，想讓她去向景帝求親。長公主索性帶著女兒一起入宮。長公主順手攜住劉徹，擁置膝上，就頂撫摩，戲言相問道：「兒願娶婦否？」

劉徹生性聰明，對著長公主嬉笑無言。長公主故意指示宮女：「此等人為汝做婦，可合意否？」劉徹並皆搖首不悅。

等到長公主指及阿嬌道：「阿嬌可好麼？」

劉徹獨笑著道：「若得阿嬌為婦，當以金屋貯之。」

此言一出，非但長公主、王美人聽了笑不可抑，連景帝也笑罵說：「小孩子臉皮也太厚了！」景帝想他小小年紀，唯獨喜歡阿嬌，大概是前生注定姻緣，不如順便允許，成就兒女終身大事，於是就認定了這門婚約。

成語「金屋藏嬌」的典故就是這樣來的。長公主與王美人結了親家，彼此更加情好關係深，兩人就私下計議，怎樣把栗姬母子除去……

## 劉徹為何魂牽夢縈李夫人

武帝後宮佳麗雖多，但自從王夫人死後，卻沒有一個得到武帝專寵的。宮廷樂師李延年精通音律，頗得武帝歡心，他所作的曲子凡聽到者都會莫名感動。李延年有一個妹妹，是個歌女，生得姿容秀媚，體態輕盈。李延年想把她進獻給武帝為妃。但因為自己出身微賤，不便自言，於是請求平陽公主代為引薦。

一天，武帝在宮中置酒，平陽公主也在座，李延年侍宴。待到酒酣，李延年起舞，唱了一首自作的新歌，其歌曰：「北方有佳人，遺世而獨立。一顧傾人城，再顧傾人國。寧不知傾城與傾國，佳人難再得。」

武帝平日所接觸的女子無可計數，就是有幾分顏色的，在那麼多美女之中也失去了光彩，更無一能及王夫人。此時衛子夫年老，王夫人早死，武帝想再訪求絕色佳人以慰床笫之歡，可是一直不能如願。

現在聽到李延年歌詞，觸動了潛藏已久的心事，不禁嘆息說：「世間哪有你所唱的那種佳人？」

平陽公主在一邊揣摩得知李延年歌中的寓意，於是乘勢說：「陛下有所不知，延年的小妹，就是一位傾國傾城的絕世佳人。」

武帝心中一動，立命召李氏入宮。不久李延年將其妹引入。武帝一看，果然是沈魚落雁、妙麗善舞。武帝遂納李氏為妃。

由此李氏寵冠後宮,號為李夫人。不久懷孕,生下一個男嬰,武帝封為昌邑王。自從武帝專寵李夫人,所有宮女無不艷羨嫉妒。

一天武帝去李夫人宮中,忽然覺得頭癢,於是用李夫人的玉簪搔頭。這件事傳到後宮,人人想學李夫人的樣子,頭上都插了玉簪,一時長安玉價一日三市。

誰知月有陰晴圓缺,李夫人入宮只短短幾年,卻不幸染病在身,不久病入膏肓,直至臥床不起。武帝難過不已,親自去看她。李夫人一見武帝到來,急忙以被覆面,口中說:「妾長久臥病,容貌已毀,不可復見陛下,願以昌邑王及兄弟相托。」

武帝說:「夫人病勢已危,非藥可以醫治,何不讓朕再見一面?」

李夫人推辭說:「婦人貌不修飾,不見君父,妾實不敢與陛下相見。」

武帝說:「夫人不妨見我,我將加賜千金,並封拜你兄弟為官。」

李夫人說:「封不封在帝,不在一見。」

武帝又說一定要看她,並用手揭被子,李夫

李夫人

人轉面向內，欷歔掩泣，任憑武帝再三呼喚，李夫人只是獨自啜泣。

武帝心裡不悅，一怒之下拂袖而去。

這時，李夫人的姊妹也入宮問病，見此情形，都很詫異。待武帝走後，她們責備李夫人：「你想托付兄弟，見一見陛下是很輕易的事，何苦違忤至於如此？」

李夫人嘆氣說：「你們不知，我不見帝的原因，正是為了深托兄弟。我本出身微賤，他之所以眷戀我，只因平時容貌而已。大凡以色事人，色衰而愛弛，愛弛則恩絕。今天我病已將死，他若見我顏色與以前大不相同，必然心生嫌惡，唯恐棄置不及，怎麼會在我死去後照顧我的兄弟？」

幾天後李夫人去世。事情的結局果然不出李夫人所料。李夫人拒見武帝，非但沒有激怒他，反而激起他無限的痛苦，將李夫人用皇后之禮安葬，命畫師將她生前的形象畫下來掛在甘泉宮。武帝思念李夫人之情日夕遞增。

有一天，武帝去了昆明池。昆明池在上林苑中，池中有豫章台、靈波殿及一條石刻的鯨魚。石鯨長三丈，每到天上下雨的時候，石鯨首尾皆動。昆明池東西各立一個石人，一是牽牛，一是織女，做成天河的樣子。

時值秋日，武帝坐在舟中，見夕照西斜，涼風激水，景物使人淒涼。不禁觸事懷人，想到李夫人生前的種種好處，於是自做新詞一首，名《落葉哀蟬曲》，其詞曰：「羅袂兮無聲，玉墀兮塵生。虛房冷而寂寞，落葉依於重局。望彼美之女兮，安得感余心之未寧？」

武帝出來遊昆明池，本為散悶解頤，誰知反添了許多新愁，於是回到延涼室中休息。他覺得很疲倦，睡眼之間，忽見一人裊

裊走進。原來竟是李夫人,她手攜一物,贈與武帝,並說:「這是蘅蕪香。」

武帝忽然驚覺,回憶剛才的夢境,歷歷如在眼前。又聞到一陣香氣,芬芳經久不息。他記起李夫人夢中所贈的香,到處摸索卻找不到。但是枕席衣襟,卻不知怎麼沾染了香氣,因此改延涼室名為「遺芳夢室」。

武帝懷思轉切,招來一個方士,讓他在宮中設壇招魂,好能與李夫人再見一面。於是在晚上點燈燭,請武帝在帳帷裡觀望,搖晃燭影中,隱約的身影翩然而至,卻又徐徐遠去。武帝痴痴地看著那個仿如李夫人的身影,淒然寫下:「是邪?非邪?立而望之,偏何姍姍來遲。」

原來深海裡有潛英之石,顏色發青,且輕如毛羽,天氣寒冷石頭卻是溫的,當暑熱時反而變冷。把這種石頭刻成人像,可以說話,方士將石像置於紗帳裡,宛若李夫人生時。但因石頭有劇毒,不可接近,只可以在遠處觀望。

他想到李夫人病中囑託的話,於是封李延年為協律都尉。李夫人還有一個弟弟李廣利,則苦於沒有尺寸之功,所以武帝不能無故加封。

不過機會終於來了,武帝聽說大宛國有汗血馬。便派使者賷持千金及金馬前往大宛換取良馬。此事被大宛國王一口拒絕。使者費盡許多辛苦白跑了一趟,因此生氣之下痛罵大宛國大臣,又將金馬錘成了碎屑。大宛國將使者殺死,財物奪去,只有幾個從人僥倖脫逃。

武帝借機派李廣利領六萬騎兵,七萬步卒往征大宛。待四年後班師回玉門關,僅剩下萬餘人。武帝卻不加苛責,反而封李廣利為海西侯,食邑八千戶。多少屍骨丟在大漠無人收取,只為李

夫人的一句遺言，武帝也稱得上是一往情深。

「夫人」是嬪妃的稱號，李夫人沒有留下她的名字，薄命不薄命難說，禍水不禍水也談不上，但這位死後許多年還能讓漢武帝念念不忘的李夫人卻實在不尋常。她的開始和結局同樣不可思議。武帝的無盡思痛幾乎全在她計劃之中，美艷的容顏是她受寵的原因，而更在於她做人極有分寸，不因武帝的寵幸忘乎所以。一句「遺世而獨立」襯托了她的本質，有可遇而不可求的距離美。李白的那句「以色事他人，能得幾時好？」也許是李夫人所說的最好注腳。

東漢郭憲《漢武帝別國洞冥記》中記載了漢武帝因深情思念李夫人，東方朔遂獻上一枝懷夢草，使武帝能在夢中和李夫人相遇。

《史記》與《漢書》都詳略不同地記載了方士李少翁為漢武帝招李夫人魂的事。

據東晉王嘉《拾遺記》：招魂時是用色青質輕的「潛英之石」，將李夫人的畫像設在紗帳裡，在燈燭下投影於「帳帷」之上。這是後代皮影戲的由來。

白居易詩《李夫人》云：「傷心不獨漢武帝，自古及今皆若斯。君不見穆王三日哭，重璧台前傷盛姬。又不見泰陵一掬淚，馬嵬坡下念貴妃。縱令妍姿艷質化為土，此恨長在無銷期。」但那種「遺世而獨立」的淒清，千古之下只有李夫人一人而已，遠非楊貴妃的艷俗可比。

# 馬邑之謀

公元前135年，匈奴單于君臣遣使請求和親。這時，竇太后剛剛去世，年輕的武帝親理國政，在處理和親一事上，他沒有立即行使皇帝的權力，而是把此事交給大臣們商議，試圖以此為契機來扭轉大臣們的思想。於是，一場激烈朝堂辯論開始了。

朝堂之上，大臣們個個唇槍舌劍，爭得是面紅耳赤，互不相讓，總的來說，是分為兩派，一派主戰，一派主和。第一次和戰辯論以主和派的勝利而告終，但同時，主戰派也開始在政壇上嶄露頭角，對於傳統和親政策也是一個動搖。

一年以後，雁門馬邑（今山西北部的雁門一帶）的土豪聶壹來到到京城裡找到主戰派的代表大行王恢。獻上了他的計策：「匈奴雖累犯北郡，但一直還是和大漢和親。他們不會懷疑我們有突然反擊的軍事計劃。我們只要把他們的主力引誘進來，用精壯的伏兵襲擊，一定能打它個措手不及。」王恢聽了之後很受啟發，但他知道，此舉必然還將遭到以御史大夫韓安國等人為主的主和派的反對，為了駁倒主和派，王恢做了充分的準備。

王恢把聶壹的計策上奏武帝，武帝大喜，立即召集公卿集議。但他深知朝廷內主和派居多，為了鼓勵主戰派的大臣，漢武帝一開始就給這個會議定下了反擊的調子，來了一個先聲奪人，第一次在公卿會上闡述自己的決策意向，他說：「朕同匈奴單于和親，把公主打扮得漂漂亮亮嫁過去，還贈送給他大量的錢幣、

絲帛、錦繡。可是，單于卻更加的傲慢無禮，對漢朝侵略不已，使得北部邊郡多年來一直受到騷擾。朕非常憐憫北方邊郡的老百姓，現在朕決定發兵攻打匈奴，諸位愛卿以為如何？」

漢武帝的這個決定立刻在朝堂上引起了軒然大波，以王恢為首的主戰派和以韓安國為首的主和派，再一次圍繞著戰與不戰的問題展開了一場大論戰。

這是一場激烈的針鋒相對的辯論，主戰派和主和派都充分地列舉了自己的理由，辯論進行得比較深入，漢武帝從這次和戰辯論中找到出兵反擊匈奴的理論依據。

劉徹一開始就給這次辯論定下了主戰的調子，王恢又強調了反擊的好處和誘敵的必勝結果。所以，漢武帝理所當然地拍板決定採納王恢的建議，準備以武力反擊匈奴，而且不準備長途跋涉，要設計讓匈奴人自投羅網。

王恢的這個誘敵深入、甕中捉鱉的計劃可以說是天衣無縫，使得主和派韓安國所說的對匈作戰沒有勝算的幾個問題都迎刃而解了。所以，漢武帝當機立斷，出擊匈奴。

公元前133年夏，殲擊匈奴的戰役開始實施。漢武帝任命衛尉李廣為驍騎將軍，太僕公孫賀為輕車將軍，太中大夫李息為材官將軍，統兵30萬，埋伏在馬邑城周圍的山谷中，準備伏擊匈奴；又任命王恢為屯將軍，將兵一支，待匈奴兵南下後，兵出代郡，從背後攔截匈奴人的輜重；任命御史大夫韓安國為護軍將軍，監督四將軍。一切部署完畢後，再派聶壹出塞借與匈奴交易的名義誘出匈奴單于。這就是歷史上著名的「馬邑之謀」。

# 劉徹為何派遣張騫出使西域

西漢時期，狹義的西域是指玉門關、陽關（今甘肅敦煌西）以西，蔥嶺以東，昆侖山以北，巴爾喀什湖以南，即漢代西域都護府的轄地。廣義的西域還包括蔥嶺以西的中亞細亞、羅馬帝國等地，包括今阿富汗、伊朗、烏茲別克，至地中海沿岸一帶。

西域以天山為界分為南北兩個部分，百姓大都居住在塔里木盆地周圍。西漢初年，有「三十六國」：南緣有樓蘭（鄯善，在羅布泊附近）、菇羌、且末、于闐（今和田）、莎車等，習稱「南道諸國」；北緣有姑師（後分前、後車師，在今吐魯番）、尉犁、焉耆、龜茲（今庫車）、溫宿、姑墨（今阿克蘇）、疏勒（今喀什）等，習稱「北道諸國」。

此外，天山北麓有前、後蒲額和東西且彌等。它們面積不大，多數是沙漠綠洲，也有山谷或盆地。人口不多，一般兩三萬人，最大的龜茲是八萬人，小的只有一、二千人，居民從事農業和畜牧業。除生產穀物以外，有的地方如且末又盛產葡萄等水果，還有飼草、苜蓿。畜牧業有驢、馬、駱駝。

此外，還有玉石、銅、鐵等礦產，有的地方居民已懂得用銅鐵鑄造兵器。天山南北各國，雖然很小，但大都有城郭。各國國王以下設有官職和佔人口比重很大的軍隊。

公元前2世紀，張騫出使西域以前，匈奴貴族勢力伸展到西域，在焉耆等國設有僮僕都尉，向各國徵收繁重的賦稅，「賦稅

諸國，取畜給焉」，對這些小國進行奴役和剝削。

當時，正在伊犁河流域遊牧的大月氏，是一個著名的「行國」，40萬人口。他們曾居住在敦煌和祁連山之間，被匈奴一再打敗後，剛遷到這裡不久。匈奴殺月氏王，「以其頭為飲器」。因此，大月氏與匈奴是「世敵」。

漢朝日趨強盛後，計劃積極地消除匈奴貴族對北方的威脅。武帝聽到有關大月氏的傳言，就想與大月氏建立聯合關係，又考慮西行的必經道路——河西走廊還處在匈奴的控制之下，於是公開徵募能擔當出使重任的人才。

建元三年，即公元前138年，張騫「以郎應募，使月氏」。「郎」是皇帝的侍從官，沒有固定職務，隨時可能被選授重任。

張騫是一個意志力極強、辦事靈活而又胸懷坦蕩、善於待人處事的人。他出使中途即被匈奴截留下來，在匈奴十多年，始終保持著漢朝的特使禮節，匈奴單于硬叫他娶當地人作妻，已經生了兒子，也沒有動搖他一定要完成任務的決心。他住在匈奴的西境，等候機會。

張騫終於找到機會率領部屬逃離了匈奴。他們向西急行幾十天，越過蔥嶺，到了大宛（今烏茲別克共和國境內）。由大宛介紹，又通過康居（今哈薩克共和國東南），到了大夏（今阿姆河流域）。張騫這才找到了大月氏。

十多年來，大月氏這個「行國」已發生了很大變化：一是在伊犁河畔受到烏孫的攻擊，又一次向西遠徙。烏孫國，63萬人，也是個「行國」，曾在敦煌一帶遊牧，受過大月氏的攻擊。後來匈奴支持烏孫遠襲大月氏，大月氏被迫遷到阿姆河畔，而烏孫卻在伊犁河留住下來。自從大月氏到了阿姆河，不僅用武力臣服了大夏，還由於這裡土地肥沃，逐漸由遊牧生活，改向農業定居，

無意東還再與匈奴為敵。

張騫在大月氏逗留了一年多,得不到結果,只好歸國。

回國途中,又被匈奴逮住拘禁一年多。公元前126年,匈奴內亂,張騫乘機脫身回到長安。

張騫出使時帶著100多人,歷經13年後,只剩下他和堂邑父兩個人回來。這次出使,雖然沒有達到原來的目的,但對於西域的地理、物產、風俗習慣有了比較詳細的了解,為漢朝開闢通往中亞的交通要道提供了寶貴的資料。

張騫回來以後,向武帝報告了西域的情況。這就是《漢書·西域傳》資料的最初來源。之後,由於張騫隨衛青出征立功,「知水草處,軍得以不乏」,被武帝封為「博望侯」。

元狩四年(前119年),張騫第二次奉派出使西域。這時,漢朝業已控制了河西走廊,積極進行武帝時對匈奴最大規模的一次戰役。幾年來漢武帝多次向張騫詢問大夏等地情況,張騫著重介紹了烏孫到伊犁河畔後已經與匈奴發生矛盾的具體情況,建議招烏孫東返敦煌一帶,跟漢共同抵抗匈奴。

這就是「斷匈奴右臂」的著名戰略。同時,張騫也著重提出應該與西域各族加強友好往來。這些意見得到了漢武帝的採納。

張騫率領300人組成的使團,每人備兩匹馬,帶牛羊萬頭,金帛貨物價值「數千巨萬」,到了烏孫,遊說烏孫王東返,沒有成功。他又分遣副使持節到了大宛、康居、月氏、大夏等國。

元鼎二年(前115年)張騫回來,烏孫派使者幾十人隨同張騫一起到了長安。此後,漢朝派出的使者還到過安息(波斯)、身毒(印度)、奄蔡(在咸海與里海間)、條支(安息屬國)、犁軒(附屬大秦的埃及亞歷山大城),中國使者還受到安息專門組織的二萬人的盛大歡迎。安息等國的使者也不斷來長安訪問和

貿易。從此，漢與西域的交通建立起來。

元鼎二年（前115年），張騫回到漢朝後，拜為大行令，第二年死去。他死後，漢同西域的關係進一步發展。元封六年（前105年），烏孫王以良馬千匹為聘禮向漢求和親，武帝把江都公主細君嫁給烏孫王。細君死後，漢又以楚王戊孫女解憂公主嫁給烏孫王。解憂的侍者馮嫽深知詩文事理，作為公主使者常持漢節行賞賜於諸國，深得尊敬和信任，被稱為馮夫人。

由於她的活動，鞏固和發展了漢同烏孫的關係。

神爵三年（前60年），匈奴內部分裂，日逐王先賢撣率人降漢，匈奴對西域的控制瓦解。漢宣帝任命衛司馬鄭吉為西域都護，駐守在烏壘城（今新疆輪台東），這是漢朝在蔥嶺以東，今巴爾喀什湖以南的廣大地區正式設置行政機構的開端。

匈奴奴隸主對西域各族人民的剝削、壓迫是極其殘酷的。西漢的封建制度，較之匈奴的奴隸制度要先進得多。因此，新疆境內的各族人民都希望擺脫匈奴貴族的壓迫，接受西漢的統治。西漢政府在那裡設置常駐的官員，派去士卒屯田，並設校尉統領，保護屯田，使漢族人民同新疆各族人民的交往更加密切了。

漢通西域，雖然起初是出於軍事目的，但西域開通以後，它的影響，遠遠超出了軍事範圍。從西漢的敦煌，出玉門關，進入新疆，再從新疆連接中亞細亞的一條橫貫東西的通道，再次暢通無阻。這條通道，就是後世聞名的「絲綢之路」。

「絲綢之路」把西漢同中亞許多國家聯繫起來，促進了它們之間的經濟和文化的交流。由於我國歷代封建中央政府都稱邊疆少數民族為「夷」，所以張騫出使西域成為漢夷之間的第一次文化交融。

西域的核桃、葡萄、石榴、蠶豆、苜蓿等十幾種植物，逐漸

在中原栽培。龜茲的樂曲和胡琴等樂器，豐富了漢族人民的文化生活。漢軍在鄯善、車師等地屯田時使用地下相通的穿井術，俗稱「坎兒井」，在當地逐漸推廣。

此外，大宛的汗血馬在漢代非常著名，名曰「天馬」，「使者相望於道以求之」。那時大宛以西到安息國都不產絲，也不懂得鑄鐵器，後來漢的使臣和散兵把這些技術傳了過去。中國蠶絲和冶鐵術的西進，對促進人類文明的發展貢獻甚大。

# 劉徹殺母立子祕聞

漢武帝劉徹雖然號稱「不可一日無婦人」,性能力很強,而且後宮也有成千上萬青春美貌的女子等著被他臨幸,期待著為他傳宗接代,但漢武帝是不是用多了,只剩空砲彈,所以只有6個兒子,而且不是早死就是不成器。

皇后衛子夫生的兒子劉據是漢武帝的長子,被立為太子,後來被江充誣陷,迫不得已發動政變,兵敗後全族被殺(說劉據本人自殺的居多)。燕王劉旦和廣陵王劉胥(喜歡空手跟猛獸決鬥)多過失,寵姬王夫人生的齊懷王和李夫人生的昌邑王(李夫人的娘家人努力半天不僅沒能讓他成為太子,還給李家招來滅門的災難)都早早薨逝了。

漢武帝晚年寵幸的鈎弋夫人給他生下第6個兒子劉弗陵,他這個小兒子,五、六歲就「壯大多知」,又健壯又聰明,武帝常說「類我」。

漢武帝為了要立劉弗陵當太子,卻在事前狠心殺掉了劉弗陵的母親。

「惆悵雲陵事不回,萬金重更築仙台。莫言天上無消息,猶是夫人作鳥來。」這首詩裡說到的夫人就是鈎弋夫人,她是漢武帝的寵妃,姓趙,封為婕妤,是昭帝劉弗陵的母親。

雲陵是昭帝即位後花費重金為其母修建的陵墓。漢武帝曾在甘泉宮築通靈台,寄託思念之情,相傳台上常見一青鳥來去。

趙婕妤在入宮之前，她的父親因為觸犯法律，受了宮刑。

鈎弋夫人晉封為婕妤，住在鈎弋宮，武帝「大有寵」，懷孕14個月生下劉弗陵，據說堯帝就是懷孕14個月生的，「乃命其所生門曰堯母門。」

懷孕懷了14個月從醫上似乎講不通，但閉經14個月之後生產則沒什麼奇怪。有的女人月經不調，幾個月行經一次，排卵期不確定。

漢武帝晚年欲立幼子劉弗陵為太子，擔心子少而母壯，女主「恣亂國家」，猶豫不決。

公元前88年，70歲的漢武帝劉徹帶著二十幾歲的嬌妻鈎弋夫人到甘泉宮避暑。有一天，劉徹找到鈎弋夫人的一個小錯處，於是就跟演戲似的，漢武帝勃然大怒，鈎弋夫人跪地求饒，漢武帝全然不為所動，向身邊的宦官厲聲喝道：「把她帶走！」

鈎弋夫人真像是遭受了晴天霹靂一樣，根本沒鬧明白是怎麼回事。她頻頻回首，希望皇帝丈夫能夠動惻隱之心，免去對她的懲罰，但是等來的只有冷冰冰的一句話：「快走！你不能活了！」

就這樣武帝找了她一個小過失，把她給殺了。這就是史上所謂的「欲立其子，先殺其母」。

劉弗陵8歲即位，即漢昭帝，追尊鈎弋婕妤為皇太后。

據說，鈎弋夫人死的那天，長安城狂風大作，灰塵揚起，遮天蔽日，大概是老天爺也被她的冤情觸動了吧。

後來，劉徹對下屬解釋此事，大致說了這樣一番話：「我這是以江山社稷為重啊！自古以來，國家出現動蕩，出現戰亂，往往是由於君主太年幼，而他的母親正當盛年，於是驕橫淫亂，沒有人能夠制止得了，於是就導致政局混亂。呂皇后不就是前車之

第二篇 探祕兩漢天子的深宮真相

鑒嗎？」

　　江山情重美人輕，在國家社稷面前，情何以堪呀！

　　漢武帝是怕鈎弋夫人如呂后那樣專權嗎？大概是一個方面吧，也許他更擔心的是在自己駕鶴西去之後，這位年輕美麗的太后憑藉手中的權力會擁別的男人入懷吧。

　　後來，**魏晉南北朝時間，北朝的皇帝一度把「殺母立子」當做了慣例。**

# 劉徹施愛於韓嫣真相

也怨不得曹雪芹把唐朝和漢朝說成「髒唐臭漢」。漢初幾個在歷史上名號響噹噹的皇帝，在生活作風上確實都比較濫，他們不僅喜愛女色，同時也痴情於男色。

繼漢高祖劉邦寵幸男寵籍孺之後，接下來的幾任皇帝好像受到這種「雙性戀」基因的影響，都前仆後繼的效仿。生性懦弱的漢惠帝劉盈如此，溫和慈愛的漢文帝劉恆如此，布義行剛的漢景帝劉啟如此，就連雄才大略的漢武帝劉徹也樂此不疲地施愛於多個男寵。

韓嫣，這個連名字都有些女性化的男人，就是讓漢武帝一生中最醉心的男寵。如果說漢武帝之前的幾任皇帝對寵幸男寵的「怪癖」還藏著掖著、有所顧忌的話，那麼漢武帝對韓嫣的寵愛則顯得毫無避諱，甚至公然公開。

司馬遷在《史記》中記載的「益尊貴，官至上大夫，賞賜擬於鄧通。時嫣常與上臥起。」就毫無遮攔的道出了漢武帝對韓嫣超乎尋常的寵愛，以及他們之間人人共知的同性戀關係。

說起來，韓嫣也是名門之後，王子侯孫，是戰國七雄韓國的王族。韓國被秦始皇滅掉後，韓襄王的孫子韓信（與淮陰侯韓信同名同姓）積極響應劉邦，被封為韓王。

劉邦做了皇帝後，大封同姓王，對異姓王則千方百計地想除掉，對韓王，劉邦採取的策略是將他的國都遷到離匈奴非常近的

馬邑（後來漢武帝在這裡發動了伏擊匈奴的馬邑之戰，成為打擊匈奴的第一戰），讓他充當抵擋匈奴的炮灰。

韓信也不是傻子，他當然知道劉邦這樣做的用意，所以漢高祖七年，當匈奴大舉入侵馬邑，將馬邑團團包圍後，韓信看到擋不住了，就投降了匈奴。匈奴派韓信率兵南下，劉邦御駕親征結果中了匈奴的計，被包圍在平城，最後靠賄賂匈奴閼氏，用女人和親，才狼狽地逃回長安。

韓信投降匈奴時，他老婆已經懷孕了，結果到了匈奴頹當城時，生下了一個男孩，韓信也偷懶，說既然是在頹當城生下的，就叫韓頹當吧。漢文帝十四年，韓頹當棄暗投明，重新回到了漢朝廷的懷抱，被封為「弓高侯」，在七國之亂中立下了汗馬功勞，司馬遷說他是「功冠諸將」。

韓嫣就是這位「弓高侯」的孫子。

由於是功臣之後，韓嫣從小就被寄養在宮中，陪皇子們讀書，這其中他與劉徹的關係最好，到了劉徹被封為太子後，他們的關係已經由一般的朋友發展成同性戀人了。他們之所以發展到這種關係，分析起來大概有以下幾個因素：

一、是漢家皇室一直有同性戀的傳統或者說是遺傳基因。漢高祖與籍孺，漢惠帝與閎孺，漢文帝與鄧通都是載之史冊的同性戀關係，所以劉徹與其青梅竹馬的好朋友韓嫣，發展成同性戀一點也不奇怪。

二、是因為漢武帝是一個尚武的人，他喜歡的人都是一些年輕英俊、武藝高強、高大威猛的人。韓嫣正好符合這些條件。史記載，韓信身高八尺五寸，漢代一尺相當於今天21.25釐米至23.75釐米，也就是相當於1.80米至2.00米之間，到韓嫣這一代，想必還是屬於高大型的。

韓嫣的祖上有匈奴背景，所以他的騎射得之家傳，並且對匈奴的戰術也很有研究。而劉徹當皇帝後，一門心思就是想打匈奴，所以難怪對韓嫣非常欣賞了。

三、是因為韓嫣這個人本身也非常懂得討劉徹歡心。有一件事很能說明這個問題。劉徹的母親其實是一個離過婚的女人，她在嫁給劉徹老爸前，已經嫁過一個丈夫叫金王孫，還生了一個女兒叫金俗。但是當她做了皇后，成了皇太后以後，宮裡就再也沒有人敢提這個事情了，畢竟在那個雖然是開放的時候，可這也不是什麼光彩的事。但是韓嫣看出來太后實際上非常想念這個流落到民間的女兒，而劉徹又是一個不拘禮義的孝子，所以他決定冒險做一回捅窗戶紙的人。

有一次，皇太后又想女兒想得吃不下飯時，韓嫣就偷偷地將金家的事情告訴了劉徹。劉徹果然沒有生氣，聽說在民間還有一個姐姐，反而非常高興。他先派軍隊，把金家圍個水泄不通，嚇得金家上下雞飛狗跳，都以為有了滅門之禍。

等劉徹親自來到金家後，終於從床底下找出了嚇得渾身發抖的金俗，姐弟相認後，大家才知道悲劇變成了喜劇，結果把個皇太后也感動得一塌糊塗。

有了這麼幾個條件，漢武帝對韓嫣倒真的發生了感情，不僅封他為上大夫，而且還經常給他極為豐厚的賞賜，除了和妃子睡覺，就經常召韓嫣到宮裡陪他睡覺。

韓嫣有了太多的錢，花不掉了，於是他就想了一箭雙鵰的辦法，那就是打金彈子。一則他本來就喜歡打彈弓，滿足了自己的愛好；二則也算是扶貧。所以韓嫣一旦出去打彈弓，京城裡的小孩子就一邊唱著「若飢寒，逐金丸」的童謠，興高采烈地跟在韓嫣後面拾韓嫣打出的金彈子，每次都能撿到十幾個。

但是人總是不能太張狂，有一次江都王隨漢武帝到上林苑狩獵，漢武帝沒有出發前，先派韓嫣乘副車，帶著一百多個騎兵將野獸趕出來。江都王看見了，以為是劉徹親自來了，趕緊趴在地上，韓嫣看見江都王跪在那裡也沒有停車下來，而是繼續驅趕野獸。等韓嫣過去了，江都王才知道車裡面坐的不是劉徹而是劉徹的男寵韓嫣，覺得非常沒有面子，事後就跑到太后那裡哭，說我也不想做什麼江都王了，我還不如做個韓嫣那樣的人呢！

他這一番哭訴，難免使皇太后對韓嫣心生不滿，從此種下了日後的禍根。

由於漢武帝因為與韓嫣感情很深，所以經常召韓嫣入宮侍寢，宮裡人也都知道，所以韓嫣進出宮中，從來是暢通無阻的，沒有人管他，由此也可見劉徹是多麼的寵他了。

可是韓嫣並不是太監，算起來，在宮中，他和劉徹可能是僅有的兩個正常的男人了。天長日久，韓嫣除了和皇帝調情外，也難免和宮中的宮女們勾勾搭搭，因為即使韓嫣不去招惹她們，這些長期性壓抑的宮女也會主動亂拋媚眼，投懷送抱。

這種事，漢武帝不可能不知道，因為他當然知道放一個正常男人進宮，而且可以自由活動，無異於將一隻肥羊投到餓虎口中。可是因為他太愛韓嫣了，所以並不在意。但是太后要找韓嫣的茬，卻是再合適不過了。於是太后派人跟蹤韓嫣，在他與宮女做苟且之事的時候，就逮了一個現行犯。

就這樣，皇太后一聲傳見，一杯毒酒，名正言順地賜死韓嫣。劉徹一聽說，嚇得趕緊往太后那裡跑，要為韓嫣求情，但哀求再三，皇太后也不鬆口，終於還是將韓嫣賜死了。漢武帝貴為皇帝，有時候也保護不了自己的愛人，要眼睜睜地看著自己的愛人在自己的眼前死去。

漢武帝在失去了最心愛的男寵韓嫣之後，出於對俊俏男人本能上的需要，很快就把他對韓嫣的那份寵愛轉移到了他的弟弟韓說，以及樂師李延年的身上。

　　雖然有了「新歡」，但漢武帝對韓嫣仍然念念不忘，就像《紅樓夢》中的賈寶玉在秦鐘死後，雖然對優伶蔣玉菡又表現出了「羨愛」之情，但總也忘不了時常到秦鐘的墳頭上思念一番，頗有「人鬼情未了」的味道。

# 漢武帝劉徹陵陪葬品有多少

秦亡漢興，中國封建社會出現了第一個「國富民強」的朝代——劉姓漢朝，厚葬之風也隨之出現了第一個高潮。漢朝分為西漢、東漢兩個時期，目前常說的「漢」，多指西漢。

西漢帝王陵在今陝西咸陽附近，共有11座；東漢的帝王陵共有12座，位於今河南洛陽及焦作附近。23座漢陵中，最出名的不是開國之君劉邦與其皇后呂雉的合葬墓長陵，而是漢諸帝中在位時間最長、最有作為的漢武帝劉徹的茂陵。

劉徹在位54年，陵修了53年（前139年開始營建），到其下葬時，當初栽的小樹都長成參天大樹。相比秦陵，茂陵的規模是小了些，但其陪葬品之豐厚，不相上下，甚至超過。

《漢書·貢禹傳》記載，「武帝棄天下，霍光專事，妄多藏金錢財物，鳥獸魚鱉牛馬虎豹生禽，凡為百九十物，盡瘞藏之。」從上面的文字中可以看出，劉徹陵墓中陪葬品的數量驚人。後有文字稱，「武帝歷年長久，比葬，陵中不復容物。」

這話就是說，由於劉徹在位時間長，到他死時，陵內已沒有空間放那些稀世珍寶了。目前已知道的陪葬品有當時康渠國國王進送的玉箱、玉杖；裝在一個金箱內的30卷經書；專治啞巴的祕方，等等。

劉徹下葬四年後，這些國外進貢的寶物，竟然出現在了市場上，被劉徹生前的侍人認了出來。此事見於南朝宋人劉叔敬撰

《異苑》（卷七）：「漢武帝冢裡先有玉箱、瑤杖各一，是西胡康渠王所獻，帝平素常玩之，故入梓宮中。其後四年，有人於扶風市買得此二物，帝左右識而認之，說賣者形狀，乃帝也。」

考古專家最看好的是劉徹穿的金縷玉衣。據西漢劉歆撰（後題東晉葛洪）《西京雜記》記載，「漢武帝送死皆珠襦玉匣，匣形如鎧甲，連以金縷。梓宮內，武帝口含蟬玉，身著金縷玉匣。匣上皆鏤為蛟龍鸞鳳魚麟之像，世謂為蛟龍玉匣。」

據說，漢武帝身高體胖，其所穿玉衣形體很大，全長1.88米，約有大小玉片2498片，串玉片的金線就有兩斤多。

茂陵曾多次被盜，據《後漢書》記載，當年農民起義軍赤眉軍攻佔長安後，焚燒了皇宮，又「發掘諸陵，取其寶物。」茂陵中的陪葬品搬了幾十天，「陵中物仍不能減半。」

茂陵地宮中的寶物有多少，是否讓盜墓者搬光了，由於正史上並沒有記載，目前誰也說不清。

# 漢成帝劉驁

## 荒淫無道釀國衰

　　漢成帝劉驁生於公元前52年，他是漢元帝劉奭做太子時與姬妾王政君生的兒子。「驁」這個名字是他爺爺宣帝給起的，意思是希望他做劉漢王朝的千里馬。但他非但未成千里馬，甚至連豬狗都不如。

　　劉驁在位期間，生活荒淫，寵幸趙飛燕、趙合德姐妹，怠於政事，將朝政全委託給外家諸位舅舅，大權逐漸為王氏外戚掌握。太后王政君的七個兄弟都封為侯，老大王鳳官位高至大司馬、大將軍領尚書事，王政君的侄子王莽也開始嶄露頭角。

　　在中國古代昏君的排行榜上，漢成帝是「赫赫有名」的！

　　歷史上對他的評定是「湛於酒色」。他自甘墮落，迷戀酒色，荒淫無道，不理朝政，最後竟死在「溫柔鄉」中。

　　公元前7年二月的一天，劉驁夜宿未央宮。第二天早晨起床，彎腰繫襪帶時，忽然中風撲倒在床，動彈不得，就這樣不明不白地的死了，享年46歲。依諡法，「安民立政曰成」，故得諡號「孝成皇帝」。

# 劉驁為何專寵趙氏姐妹

從漢成帝即位時起,就花了大量金錢,建造霄遊宮、飛行殿和雲雷宮供自己淫樂。劉驁最初寵愛與自己年齡相當的結髮之妻許氏。許氏是漢宣帝皇后許平君的姪女,按輩分來說還是漢成帝的表姑,也算是親上加親了。許氏不但美麗聰慧,還熟讀史書,頗有才華,還是太子的劉驁與她可謂一見鍾情。

漢元帝得知兒子和這位兒媳婦兩情相悅,高興地叫左右把酒祝賀。成帝即位以後,許氏被立為皇后,成帝對她十分寵愛,後宮的嬪妃也因此很少被寵幸。

這引起了王氏集團的擔心,所以,一有機會他們就攻擊許皇后。隨著時間的推移,許皇后也漸漸韶華不在,雖不復年輕時的絕代風化,卻也還算徐娘半老,風韻猶存,但對於以好色聞名的成帝來說,已經不再新鮮,於是他便移情別戀了。

漢成帝冷落了許皇后,開始寵愛班婕妤。班婕妤是《漢書》作者班固的祖姑。她曾為漢成帝生了一個男孩,不料數月即夭折。班婕妤氣質高雅,美而不艷,麗而不俗,又博通文史、知書達理,可謂才貌雙全。她也沒有一般女子「好妒」的毛病,還把美貌的侍女李平進獻給漢成帝,李平又得寵幸,也被封為婕妤。漢成帝說:「當初孝武帝的衛皇后也從微賤而起。」因此賜李平姓「衛」,她就成了衛婕妤。

但是,貴為君王的漢成帝,也想到宮外世界去尋求刺激,其

實就是出去「獵艷」。當然,他一國之君根本不用擔心後宮佳麗們會哭哭啼啼地拉著他的手,或是凶悍地一手掐腰,一手擰著他的耳朵,叮囑他「路邊的野花不要採」,每一次,漢成帝都不會是空手而歸。

公元前20年,漢成帝在富平侯張放的陪同下,身著便裝,「微行」出遊,跑到熱鬧的市區去尋歡作樂。

張放和漢成帝年紀相仿,情趣相投,兩人很是說得來,他是敬武公主的兒子,不但是劉驁的姑表兄弟,還娶了劉驁元配許皇后的妹妹,與漢成帝成了連襟。更重要的是,這位美男子還是劉驁的同性愛侶,兩人親密無間。雖然在公開場合要顧到君臣之禮,有尊有卑,然而在尋歡作樂時,卻狼狽為奸、放浪形骸,彼此毫不拘泥。

趙飛燕

趙合德

張放時常應召陪漢成帝在宮中宴樂，自然也不時慫恿漢成帝微服出遊，以領略宮廷之外的長安風月，領略「路邊野花」的不同滋味與天然風采。

　　這一天，漢成帝劉驁又一次帶著張放微服出遊，光臨了陽阿公主的府邸。陽阿公主受寵若驚，自然舉行了盛大的宴席，並且歌舞助興。

　　照常理來說，歌舞只是個例行節目，給酒宴助興而已，然而這位漢成帝可是一個獵艷高手，他隨便掃視一下人群，就能一眼發現美女。

　　這一次，他從舞女群中看到一個與眾不同的窈窕美人。劉驁沒想到公主府裡的一個舞女，竟然能舞得宛若天外飛仙。再仔細一瞧，這美人兒不但舞姿動人，模樣更是艷質卓絕，劉驁立即心裡亂癢，宴席之後便迫不及待地將這位舞女，也就是趙飛燕帶回了皇宮，而且就此「大幸」，愛得不可開交，沒幾天工夫，就把她升為「婕妤」，爵比列侯。

　　趙飛燕就如同一隻輕捷的燕子飛入了漢宮，使漢成帝身邊所有的女姬男寵都失去了顏色。由於飛燕的獲寵，趙氏一門大得榮光。然而，在外戚勢力逐漸膨脹的西漢中後期，勳戚霍氏、許氏、王氏等先後秉掌朝政，人少族微的趙氏根本無法與之相比。

　　因而，飛燕的後宮專寵並沒有對朝政產生多大影響。同時，微賤的出身還為她能否牢固地位籠罩上了一層陰影。入宮不久，她就把妹妹趙合德推薦給成帝，通過妹妹並寵作保障，彌補家族勢力的不足。

　　自從趙合德進宮後，成帝便漸漸把心思移到她身上。這是因為趙合德不僅姿容出色、肌膚勝雪，而且性情溫柔，比起飛燕來，更有一番魅力。不同於姐姐的飄然若仙，趙合德體態盈滿豐

潤，性感無比，著體便酥，恰好形成了對漢成帝另外一層強烈的補償心理。

被漢成帝親切地稱之為「溫柔鄉」，漢成帝曾語無倫次地讚美道：「我寧願在她這溫柔鄉裡死去，也不願效法武帝追求長生不老的白雲鄉！」——這話果真是一言九鼎、君無戲言，一語成讖，老天爺最終還真幫他達成這個鴻天大願。

趙合德入宮數日，也就被封為婕妤，兩姐妹輪流承歡侍宴。成帝一刻見不到趙氏姐妹，便心神不安。姐妹倆的話，成帝更是言聽計從。原先被皇帝寵愛有加的許皇后與班婕妤，此時備受冷落。

趙氏姐妹大為得寵，野心也就隨之水漲船高，不再滿足於僅僅是寵妃的地位，又盯上了皇后的寶座。這時，漢成帝的許皇后已經失寵多年，滿腹怨恨，就和姐姐許謁一起請巫祝設壇祈禳，企盼皇帝回心轉意。

趙氏姐妹本來就關注著皇后的一舉一動，知道了這件事，當然不肯放過，就在皇帝和太后面前誣告造謠說許皇后陰謀用「巫蠱」來加害皇帝。

「巫蠱」在宮廷中可是個了不得的大罪名，當年漢武帝就曾因此殺掉皇后太子等幾萬人。許皇后背上這個罪名，自然不會有什麼好下場，不久被廢，後來又自殺而死。

趙氏姐妹還想把班婕妤也牽連進來。但班婕妤是有名的賢德才女，漢成帝也不相信她會參加到這種下巫的事情中去，於是就親自前去訊問。

班婕妤從容的回答：「妾聞生死有命，富貴在天，規規矩矩地做善事，上天也不見得就降福，難道企求上天幫忙做壞事，上天就會聽從嗎？如果上天不會聽從，豈非徒勞。這樣的事，妾非

但不敢為,也是不屑為。」

　　成帝聽她說得坦白,也很感動,不僅沒有治她的罪,還賜給她黃金百斤。但班婕妤已經看出漢成帝的不可救藥,就主動要求到長信宮侍奉太后,自動遠離是非之地,以求避禍,在閒暇時做詩賦以自傷悼,藉以度過光陰。

　　「新裂齊紈素,鮮潔如霜雪,裁為合歡扇,團團似明月。出入君懷袖,動搖微風發。常恐秋節至,涼飆奪炎熱,棄捐篋笥中,恩情中道絕。」班婕妤以團扇自比,感慨漢成帝的無情無義。

　　從此,「團扇悲秋」也就成了後宮女子失寵的典故,被屢屢用在詩文之中。班婕妤在移居長信宮之後,就再也沒有見過漢成帝,直到漢成帝死後,才以先帝嬪妃的身分前往守陵,五年後鬱鬱而終。

　　永始元年,趙飛燕終於被冊立為皇后,趙合德也被封為昭儀,兩人並得寵幸,權傾後宮。趙飛燕感慨,如果當年不把妹妹趙合德推薦到皇帝身邊,兩人共同把這個萬民之上的男人壓倒在床上的話,恐怕就沒有今天的勝利!

# 皇帝也會戴「綠帽子」

漢成帝的許皇后和班婕妤之所以失寵,除了漢成帝對她們失去新鮮感之外,也和她們沒能為漢成帝留下子嗣有關。許皇后生過一兒一女,但都夭折了。班婕妤生過一個兒子,也沒有活下來。現在,趙氏姐妹成了皇帝的新寵,對於她們來說,鞏固地位的關鍵,就是要給皇帝生下一個兒子來。

這似乎並不困難。漢成帝此時正在盛年,他對趙氏姐妹又極其寵愛,幾乎天天和她們在一起,按說生出兒子不過是早晚的事。但趙氏姐妹專寵10餘年,仍然久無子息,且始終沒有生育的徵兆。

這個時候,漢成帝開始更多地寵愛起趙合德來,對趙飛燕那邊就去的更少。趙飛燕看到皇帝寵愛日衰,自己卻還沒能生下個兒子,這個皇后的位置未免有保不住的危險。

於是,惶急無措中,趙飛燕居然想出了一個荒唐的主意:派人打聽子嗣多的侍郎宮奴,偷偷地把他們召進宮來,和自己偷歡,想用這種辦法讓自己生出兒子來。開始還做得小心謹慎,後來就肆無忌憚起來,乾脆在宮中修了一間密室,藉口祈神求子,連漢成帝也不讓進去,在裡面藏著英俊少年,不分晝夜恣意宣淫。後來甚至當成帝臨幸時,趙飛燕也因疲勞過度,不過虛與周旋,勉強承應了。

有道是沒有不透風的牆,趙飛燕這種搞法,慢慢地也傳到漢

成帝的耳朵裡。按說皇帝知道自己頭上不知何時居然戴了一大堆綠帽子，應該大為惱怒才對，但聰明的趙合德早就在他前面打了底，說自己的姐姐性格剛強，容易招來怨恨，難免會有人在陛下面前進讒言，誣陷姐姐，倘若陛下聽信了這些讒言，趙氏將無遺種了。

一邊說，一邊還哭哭啼啼，潸然淚下。漢成帝看了美人哭得如帶雨的梨花，好不心疼，慌忙替趙合德拭淚，並抱在懷裡好言勸慰，併發誓不會誤信謠言。所以後來有人得知飛燕姦情，出來告發，都被成帝處斬。

一天，漢成帝前往王太后處請安，並陪侍母后午膳，飯後有些疲累，就近想到東宮歇息片刻。午後人寂，宮女們正在廊下打盹。皇帝駕臨，趙飛燕倉皇出迎，但見雲鬟偏墜，髮絲散亂，衣衫不整，滿臉春情。漢成帝又聽寢屋內有一聲沈悶的男子咳嗽聲傳出，剎那間便明白了一切，拂袖而去。

漢成帝雖然無暇顧及趙飛燕，但也絕不允許她紅杏出牆，他從東宮出來，滿臉憤怒來到昭陽宮。趙合德十分敏感，立刻明白是怎麼一回事了，急忙跪在地下自責道：「臣妾孤寒，無強近之愛，一旦得備後庭驅使之列，不意獨承幸御，立於眾人之上，恃寵邀愛，眾謗來集，加以不識忌諱，冒觸威怒，臣妾願賜速死，以寬聖懷。」說罷淚流滿面，叩頭不已。

面對心愛的合德，漢成帝心中的怒火已被她的汪汪淚水澆熄了一半。然而仍然憤憤不平地說：「不關你的事，只是你姐姐鬧得太不像話，我一定要殺了她，方解我心頭之恨。」

一聽到「殺」字出口，趙合德心中一驚，但是很快地冷靜下來，為姐姐說情。首先說明她們姐妹的情感深厚，姐姐若死，妹妹義不獨生；再說明自己能夠來到後宮，侍奉皇上，完全是靠姐

第二篇 探祕兩漢天子的深宮真相

151

姐的引薦；最後說到為了皇家的威嚴與聲譽，豈可大事張揚。姐姐固然是罪有應得，如果累及皇上的聖德就太不划算了。

愛屋及烏，漢成帝認為趙合德言之成理，於是答應對趙飛燕的事不再追究，但卻派人捉到了那男子並斬首。從此恨透了趙飛燕，更不再踏進東宮一步。

雖然「自作孽，不可活」，趙飛燕胡作非為，已弄成不可收拾的局面，但是兔死狐悲，為了姐妹之情，趙合德明知覆水難收，還是打起精神，憑恃自己的美貌與智慧，加上正在得寵這一最大的優勢，一次又一次地想盡了各種辦法，以期彌補皇上與姐姐之間的裂痕。

# 劉驁殺悅美人的真相

趙飛燕正式被宣布為后，但她與妹妹趙合德都不能生下子嗣。她們的地位受到了嚴重的威脅，成帝因趙氏姊妹寵幸有年，但未生一男半女，時常憂心，便開始偷偷招幸其他宮人。

宮婢曹氏不久便懷孕，生下一男。成帝聽到後暗暗高興，特派宮女六人，服侍曹氏。卻不料被趙合德察覺，趙合德假傳聖旨將曹氏繫入廷獄，迫令她自盡，將所生嬰兒，也立即處死，連同六個伺候曹氏母子的婢女都勒斃而死。

成帝卻因怕趙合德姊妹而不敢救護，坐看曹宮女母子斃命歸陰。還有一個許美人，臨幸數次，也生下一個男嬰。成帝為討好趙合德，竟詔令許美人交出嬰孩，裝進用蘆葦編的篋內送到趙合德的住處，由成帝親自扼死。先前長安曾有童謠：「燕飛來，啄皇孫！」此時真的應驗了。漢成帝一生，再也未有子嗣。

他如此冷酷殘忍，其實就是為了滿足情慾。在追求這樣的滿足中，他痴迷放縱，毫不節制，身體逐漸垮了下來，彎腰駝背，枯瘦如柴，面對嬌艷欲滴的趙合德竟然無能為力。

有一天，成帝去長信宮朝見太后。太后看他一副「癆病鬼」模樣，痛徹心扉，垂淚曰：「你怎麼成了這個樣子？」

## 樂極生悲終成風流鬼

漢成帝在宮中和趙氏姐妹風流快活，胡天胡地，朝廷大權就漸漸落入外戚王氏之手。對此，漢成帝也有過不滿，但他繼承了父親懦弱的性格，再加上母親干涉，所以也只好聽之任之。

就在確立皇太子的第二年，即公元前7年的二月，出現了異乎尋常的天象，光耀漢王朝的火星竟然失去了往日的光彩，似乎當真是被水澆了一樣。一時間人心惶惶，都認為是皇帝將有不測了。劉驁當然最為緊張，到處尋找破解之法。於是一個自稱善於星相的郎官賁麗粉墨登場，說此事很是易辦，只要找一個權重位尊的大臣做替身就行。

於是丞相翟方進就倒了大楣，劉驁當即召見了他，當面要求丞相為國盡忠。翟方進跟蹌著剛返回丞相府，劉驁的催命書又緊跟著來了，將翟方進大罵了一頓，說他丞相當得不合格，以致政事紊亂、天災不斷，要他自己看著辦。這可是真正的禍從天降，翟方進只好自殺了之。

得到丞相的死訊，劉驁龍顏大悅。為翟方進隆重舉行了葬禮，還親臨致祭——更有可能是要順便親自驗屍。

劉驁沒有想到的是，翟方進只算是上天去為自己打前站的。他自認為災星已退，自己有望長命百歲了。解決了後顧之憂的劉驁與趙合德更加放心大膽地尋歡作樂起來。然而樂極生悲。

三月十七的夜晚，劉驁與趙合德同宿未央宮白虎殿。次日清

晨，劉驁起了個早，準備接見辭行的楚思王劉衍和梁王劉立，誰知剛剛穿上褲襪，衣服還沒能披上身，就身體僵直、口不能言，片刻間就嗚呼哀哉了。

關於劉驁的死狀，正史記載至此便戛然而止，野史卻筆下生花，寫得無比香艷。

野史記載劉驁縱慾過度且雪凍成疾，有「不舉」的隱疾，只有握住趙合德的雙足才能興陽，然而效果可想而知。趙合德對此大為不滿，劉驁也覺得心中有愧，於是，命人四處尋訪春藥。

不久「奇藥」果然找到，是方士所煉的大丹，又名慎恤膠。這藥果然很有效力，劉驁只消一丸就能重振雄風。趙合德唯恐被其他宮女所得，撒嬌弄痴地逼著劉驁將所有的藥都交給自己保管，好隨心所欲地決定皇帝幾時與自己親近。

據說，就在三月十七的這天夜裡，趙合德趁著醉意——這天晚上正好是兩位親王的送行宴席，劉驁和趙合德恐怕都不免喝了幾杯——一股腦兒地將7顆（或10顆）的丹藥都塞進了劉驁的肚裡，劉驁也毫不怯場，準備大大地表現一番。

果然這夜的宮帳裡春光無限，侍立殿外的宮婢終夜都聽得見趙合德與劉驁嬉笑之聲不絕。但正所謂樂極生悲吧，皇帝早已被掏虛的身體已經經不得這樣的折騰，竟然就此做了風流鬼。

堂堂大漢皇帝劉驁，就這樣死在了趙合德身上，真是從此長留在「溫柔鄉」了。想到他爺爺漢宣帝當年對他的期許，還有當年那個類似於「牡丹花下死，做鬼也風流」的戲言，這個結局真是一個絕大諷刺。

趙合德一看皇帝死了，自知大事不好，為了避免接受審判而供出她和成帝的床闈之事，就自殺身亡了。

# 漢世祖劉秀

## 明君降生伴赤光

劉秀，字文叔，東漢王朝的開國皇帝，史稱「光武帝」。

劉秀在稱帝之後，國家仍處在動亂之中，各地的起義軍仍未平定。因此，劉秀調集軍隊鎮壓各地蜂起的農民義軍和豪族勢力，經過十多年的時間，直到公元36年攻滅蜀地的公孫述，才使全國復歸統一，鞏固了東漢的王朝基礎。

劉秀在位期間，比較關心民間疾苦。他先後9次發布命令釋放奴婢，禁止殘害奴婢，並多次下詔書，免罪徒為庶民。他減輕租稅徭役，發放賑濟，興修水利。他裁並了400多個縣，精簡官吏。在統一天下後，劉秀就基本上不再用兵，對於邊疆地區的少數民族，也以安撫為主，化干戈為玉帛。這些措施都是深得人心的，保證了社會秩序的安定，經濟的恢復與發展。

公元57年，劉秀病死於洛陽南宮，在位33年，享年63歲，葬於原陵（今河南孟津）。廟號為世祖，諡號光武皇帝。「光」是光復漢室、光大漢業，「武」是克定禍亂、安定天下。

歷史上對於漢世祖光武皇帝劉秀的評價很高，說他上承天命，撥亂反正，讓歷史走出低谷，使天下得以安定，並一心謀求國家振興，是一位「中興之主」。明末清初的大思想家王夫之對光武帝評論甚高，說他「三代以下稱盛治」，認為「三代而下，取天下者，唯光武焉」，甚至認定在夏、商、周三代以後，「唯光武允冠百王矣」，說他超過了歷史上所有的皇帝。

## 一代帝王身世揭祕

公元前6年，中原地區稻穀獲得大豐收，金澄澄的稻穀鋪滿田間，堆成高高的垛子，宛如一座座小金山。忙碌的人們帶著豐收的喜悅，大贊上天賜予的好年景。

就在這一年，濟陽縣縣令、西漢宗室之後劉欽的妻子樊氏也臨近分娩。劉欽總覺得自己的官邸不夠顯貴，同時也感到自己的這個即將降生的第五個孩子非同尋常，應該為他尋找一個尊貴吉祥的誕生地。劉欽突然想到當地那座封閉已久的行宮就可拿來一用，就趕緊派人去清掃和裝飾了一番，隨後讓夫人住進了行宮的後殿。幾天後，也就是公元前6年的正月十五，劉夫人經過分娩之痛後，平安產下一個俊秀的男嬰。

據說孩子降生之際，有一道炫目的赤光照入宮室之中，明如白晝。劉欽十分詫異，遂招來卜者王長，請他占卜一下。這位算命先生神祕莫測地要求左右迴避，隨後悄悄對劉欽說：「此兆吉不可言。」一心指望孩子能大富大貴的劉欽當然喜不自勝，心裡如同暢飲了甘霖一般。就在這時，又聽說濟陽縣的田裡長出了嘉禾，一莖秀九穗，是難得的吉祥之兆，而且這年風調雨順，全縣的收成也十分理想。

所以，劉欽就給新生的兒子取名為「秀」，意思就是莊稼出好穗。他們沒有想到的是，這樣一個弱小的生命，日後會改變歷史的進程，成為名垂千古的風雲人物。

但這座裝飾華麗的行宮並不是劉秀自己的家，他血統之中的貴族色彩也已依稀難辨。然而他和皇室十分疏遠的血緣關係，卻給了他影響歷史的機運，為他創造了君臨天下的有力根據，使他的大富大貴遠遠超過了他的祖先們。

據《後漢書》記載：劉秀他們這一宗，屬於宗室遠親。在西漢中晚期開始，一直居住在南陽。論輩分，劉秀和他的兄長們是漢高祖劉邦的第九世孫，出於漢景帝劉啟一脈，是景帝的第七世孫。

漢景帝總共有13個兒子，其中有一個叫做劉發。說起劉發的出生，倒也是十分有趣，純出於一種歷史的偶然性。

劉發的親生母親唐姬原本是景帝妃子程姬的侍女，地位非常卑賤，宮裡都叫她「唐兒」。有一天，景帝召幸程姬，要在程姬住的宮殿裡就寢。不巧的是，這天程姬正逢月事來臨，身子不便。宮殿裡的妃子很多，景帝難得來一次。程姬不願意讓景帝掃興，自己的身體又不行，怎麼辦呢？

程姬實在沒辦法，就想了個主意，自己先陪景帝飲酒，使皇帝大醉。然後，程姬就讓唐兒精心打扮了一番，去伺候皇帝就寢。唐兒姑娘本是個清秀佳人，這一打扮，倒也成了國色天香的大美女。正當唐兒低頭含羞，輕挪玉步時，喝得迷迷糊糊的漢景帝，已不顧一切，一把抱起了唐兒鑽入紗帳。直到第二天早上，景帝醒來才發現陪侍的人不是程姬，而是宮女唐兒。然而，經過

這麼一夜的巫山雲雨，唐兒竟然懷孕了。10個月後，唐兒生了一個男孩，景帝為他取名叫劉發。

按照儒家禮法和皇家的制度，漢景帝不得不給唐兒一個「唐姬」的冊封。但是由於母親出身卑微的關係，劉發的地位很低下。在景帝的13個兒子中，劉發很不起眼，景帝也很輕視劉發，因此，就在公元155年，把劉發封到一個「卑濕貧國」的長沙地區去做長沙王。那時，西漢時期的長沙，屬於半開化地區，氣候濕熱，經濟也不發達，一般是流放犯人的地方。這個地方甚至在一百多年後的王莽時期仍很貧窮、落後，還起了「填蠻」這樣一個荒蕪的名字，可以想像劉發當時到長沙的心情了。

十三年後，也就是公元前142年，景帝召集諸侯王來朝飲宴。皇帝下詔讓諸王起舞為今上祝壽。劉發跳舞時，「張袖小舉手」，即手舉袖口，手稍抬起，縮手縮腳，看起來很不自然。景帝問劉發為什麼如此滑稽，他從容地回答說：「兒臣的長沙國地域狹小局促，不能回旋。」景帝明白了兒子的意思，很欣賞劉發的幽默、機敏，就把武陵、零陵、桂陽三個郡都劃給了長沙國。就這樣，劉發竟然以這樣一次對話，由一個「卑濕貧國」變成了幅員近千里的大國了。

劉發的一生很平淡，沒有留下什麼值得稱贊的輝煌業績。但是，他的第七世孫就是劉秀——東漢的開國皇帝，漢室「中興」之君。後人感嘆說，假如沒有這次純屬偶然的「誤會」，就不會有劉發，更不會有劉秀，也不會有東漢。

漢朝的統治時間起碼要縮短二百年。中國的歷史也將改寫。當然，偶然之中有必然，歷史不容假設。即便沒有劉秀，其他的人推翻王莽也是遲早的事。至於建立的新王朝是否會像東漢國運那麼強盛、綿長，那就很難說了。因此，就有了這個著名的典

故——「唐姬誤會」。

到了西漢中葉，漢武帝為了加強中央集權，分化諸侯王勢力，以所謂的「推恩令」重新分割諸王的封地，遍封諸侯王弟子，使一直困擾中央政府的諸侯王問題得以解決。

這一道皇恩浩蕩的詔令惠及了劉發的次子劉買，劉買雖非嫡長，卻也得以封侯，封邑在零陵郡泠道縣的春陵鄉（今湖南寧遠北）。劉買過世之後，大兒子熊渠繼享春陵侯爵位；熊渠死後又由兒子劉仁繼承爵位。

劉仁覺得南方的氣候過於潮濕，山林陰氣襲人，生活甚為不適，遂上書漢元帝，願減少食戶（原有476戶）內徙南陽郡。劉仁的請求得到了皇帝的恩准。初元四年，劉仁整個宗族遷至南陽郡蔡陽縣的白水鄉（今湖北棗陽西南），仍以春陵為封國之名。

南陽郡位於荊州北部，東鄰江淮，西依武當，南望江漢，正北直指函谷關。南陽郡方圓26000平方公里，擁有30餘鎮，數十萬戶，人口超過100萬。界內有綠林山、桐柏山和衡山，又有池水、清水、沔水、湍水等大小河流，山清水秀，風物怡人。

由於水土條件十分優越，南陽素以富饒聞名遠近。郡治所在地宛城（今河南南陽）位於南陽中部，是當地的政治和經濟中心，也是四方人士往來的必經之地。

據說在西漢末年有一個叫蘇伯阿的朝廷使者，奉使經過南陽，被那裡的怡人風景所吸引。這位善於望氣的高人，遙望春陵之地，情不自禁地大加贊嘆：「氣佳哉！鬱鬱蔥蔥然。」意思是說這個風水好、雲氣佳的地方，是不是要出大人物了呢？

熊渠的兄弟劉外就是劉秀的曾祖父，官至鬱林太守。由於嫡長繼承爵位的緣故，劉外和他的子孫也就與爵位無緣了。劉外的兒子劉回官至巨鹿都尉，職位雖次於郡守，但也是二千石官秩的

地方長官。而到了劉秀的父親劉欽這一代，只當了個縣令，縣令究竟是多大的官呢？

《漢書》記載說：「令、長，皆秦官也。萬戶以上為令，秩千石至；不滿萬戶為長，秩五百石至三百石。」由此可見，劉欽只是一個品序為六百石至千石的一個縣令。從長沙王劉發到濟陽令、南頓令劉欽，真可謂是一代不如一代，官職越做越小，家庭情況也越來越差。

衰落之勢已是洞若觀火的事實。

劉欽雖然官職不高，收入相對有限，但經常得到舂陵侯劉敞的資助，所以家庭條件還算可以。舂陵侯劉敞是劉仁的兒子，也是南陽劉氏宗族的宗子，家產相當豐厚，他謙儉好義，把父親留下來的財產都分散給了兄弟宗親。這在崇尚家族團結的漢代，當然是一種為人稱道的美德。

作為舂陵侯宗族重要支系的劉欽家庭，自然也得到了較大的資助。劉欽的家境雖然稱不上十分殷實，但與鄉裡的大多數親戚相比，仍然具有一定的經濟實力。劉欽的妻子樊嫻都出自南陽的富豪之家，這也使劉欽的經濟狀況更加穩固。

不幸的是，劉欽早逝，家中的頂梁柱突然倒下，只剩下寡母和6個年幼的孩子，那年，劉秀剛剛9歲。長兄如父，大哥劉縯幫助母親承擔了家庭的重任。可是，劉縯也還是個未及弱冠的孩子，他們的叔父劉良於心不忍，主動提出幫助嫂嫂撫養劉秀兄弟，並讓他們接受啟蒙教育。年稍長，就讓他們去長安太學讀書。完成學業後，劉秀返回故鄉南陽，開始做一個本分、勤勞的農民。但也許真的是命中注定，劉秀28歲時投入反莽運動，僅僅兩三年的時間，他又成為了一代帝王。劉氏一門重新崛起。

第二篇　探祕兩漢天子的深宮真相

# 劉秀靠什麼籠絡人心

公元24年,劉秀攻破邯鄲,誅滅王郎,繳獲一大批祕密文件,意外地發現有大量各州郡將與王郎勾結、毀謗劉秀的書信材料,竟然多達幾千份,甚至還有數十封自己部下偷偷寫給王郎的效忠信函。但劉秀無意拆看,立即召集眾將,讓他們把全部材料抱到宮外廣場上,在眾目睽睽下一把大火燒個精光,化成灰燼。吳漢在旁邊急得直跺腳,惋惜地說道:「留下這些信,就能找出隱藏的內奸。」

劉秀不屑一顧地答道:「燒毀效忠信,令反側子自安,今後不會再當內奸了。」這一舉措安定了人心,也讓那些曾經與王郎聯合的人對劉秀心悅誠服。後來的許多政治家遇到這類事件也都紛紛效仿,收到了良好的效果。比如,曹操在官渡的做法就是仿效於此。

破銅馬時,劉秀對來降的銅馬將領厚加禮遇,並封為諸侯。這些人心存疑懼,劉秀又讓他們仍回原部,統領自己的軍隊。劉秀親自騎馬巡視各部,這些將領都感慨道:「蕭王(劉秀曾被更始帝封為蕭王)推赤心置腹中,安得不效死乎!」

劉秀寬宏大度的氣概也表現在他對待「逸民」與「隱士」這些不馴的人物的態度上。太原郡(在今太原市以南)當時還留有大量的晉國公族的後裔,他們對新的統治者常常保持一種對立情緒,或者尋機報仇,或者隱居不仕,王侯面前不肯稱臣。至漢

初,太原郡被稱為「難化」之地。

光武帝時,太原郡廣武縣有個叫周黨的,在地方上很有名望,朝廷幾次徵他去做官,他都不願意。後來不得已,周黨就穿著短布單衣,用樹皮包著頭去見朝廷大員,劉秀卻親自召見了他。按禮節,士人被尊貴者召見,必須自報姓名,否則便是不尊重對方。周黨見了劉秀,不通報姓名,只說自己的志趣就是不願做官,劉秀也沒有強迫他。博士范升上書,說周黨在皇帝面前驕悍無禮,卻獲得了清高的名聲,應治「大不敬」罪。劉秀把范升的上書拿給公卿們傳閱,並下詔書說:「自古明王聖主都有不願為他做臣的人,伯夷、叔齊就不食周粟。太原那個周黨,不接受我的俸祿,這也是各自的志願,賜給他40匹綢子。」

光武帝的平易謙和還表現在他與開國元勳的關係上。有一次,光武帝和功臣飲宴歡聚,他問道:「如果你們沒碰上時局大變動,會取得什麼樣的成就?」鄧禹首先說:「我年輕時讀書求學,或許可以做個郡文學博士。」劉秀認為鄧禹太謙虛,就說:「你是世家子弟,品德志向都很高尚,何愁不做個掾功曹?」

其他的人也都一一作了回答。馬武則不假思索地說:「我有勇力有膽量,可以當個守尉,專管捉拿強盜。」光武帝聽了,笑著對馬武說:「你呀,只要不做賊,不被人逮住,能當上一個村裡的亭長,那就很不錯了。」大家都哈哈大笑起來。馬武也憨厚地摸著後腦勺,笑道:「陛下說得是啊!」眾人又是一陣大笑。

從這件事可以看出劉秀與這些功臣之間的密切關係。儘管如此,劉秀仍只是獎功封侯,而不授予實際權力,對這些功臣既督以潔身自愛,又與之其樂融融,難怪清初學者王夫之發出「三代以下,君臣交盡其美,唯東漢為盛焉」的贊嘆了!

## 劉秀是如何逃脫更始帝追殺的

公元23年二月。更始政權建立後，成為「太常偏將軍」的劉秀，繼續領兵作戰，很快就攻下了河南的大部分區域。並且在決定性的昆陽大戰中大敗王莽的軍隊，在所有的戰役中，劉秀命將士遵守不擾民的紀律，所到之處深受士紳百姓的歡迎。他一如既往不好財色，所有的戰利品都如數運回宛城，交給更始帝劉玄。公元23年六月，劉秀終於達成了他多年的心願，在宛城迎娶了陰麗華為妻。

昆陽大戰給予王莽致命的打擊，各地的起義浪潮更加高漲，新莽政權的垮台指日可待。與此同時，由於劉縯兄弟在昆陽、宛城戰役中大建功業，威名日盛，諸將無以堪比。劉縯手下的許多將領在立更始皇帝時，就對這一政權抱有很大的反感，對劉玄為帝，更是不情不願。

因此，常有人抱怨說：「我們舉兵是為了劉縯、劉秀兄弟，憑什麼叫這個來路不明又沒啥能耐的劉玄做皇帝，這叫我們怎麼能信服他呢？」

像這樣的話不斷地傳入新市軍和平林軍中那些原先擁立劉玄的驕兵悍將耳中，他們聽了實在不是滋味，本想設立一個傀儡皇帝作為代言工具，但在實際的戰事中，劉縯兄弟卻成為指揮作戰的真正領導者，動搖了更始帝及其權貴的地位，對那批草莽英雄也形成了威脅。於是，平林、新市將領都在暗中勸說更始帝伺機

除掉劉縯,以免後患。

毫無建樹和才幹的更始帝劉玄感到劉縯是對他的極大威脅。因此,早在劉縯攻下宛城的時候,劉玄便已經想下殺手了。他和綠林軍首領定下圈套,想以犒軍的名義借機除掉劉縯。在犒軍大宴的時候,劉玄故意當眾誇耀劉縯的佩劍好看,想仔細欣賞一下。劉縯也不疑有它,便取下腰上的佩劍,雙手奉上。劉玄取過劉縯的寶劍仔細端詳,這時,原本喧鬧的宴會,頓時靜了下來,現場被一股緊張的氣氛籠罩著。

眾人的腦海中頓時掠過漢初鴻門宴的驚險場景,參與陰謀的將領都悄悄握緊了劍柄,帳中一片殺機。照原來的計劃,趁著劉縯手上已經沒有了武器,劉玄便要下令身邊親信斬殺劉縯。但劉玄偶然抬頭看見站在眼前的劉縯,氣度非凡、神采奕奕,渾身上下透著一派王者之風,不由得既膽怯,又有些於心不忍——劉縯畢竟是他的同宗兄弟,且誅殺無名,何以服眾?

但是,當想到劉縯對自己的潛在威脅,又不得不將他誅殺。可是,天生膽小的劉玄仍然害怕威武雄壯的劉縯會徒手向自己攻擊。見劉玄如此舉棋不定,猶豫再三,繡衣史申徒建忍不住兩次藉口獻玉,提醒劉玄下令動手,但劉玄仍感心虛,遲遲不能下手。劉縯才算僥倖逃過了一劫。

這一切都被劉縯的舅舅樊宏看到眼中,他對這奇怪的一幕生了疑心,宴會結束後,他提醒劉縯:「我曾聽說當年在鴻門宴上,范增曾三次舉玉塊,暗示項羽暗殺還是沛公的高祖皇帝,今日申屠建復獻玉塊,此舉與當年的范增如出一轍,我看他居心叵測,你自己可要小心為妙,不可不防!」

劉縯這時剛為劉玄攻下了宛城,立下了大功,根本不會想到自己的族兄居然會在這個時候對自己下毒手。何況,劉縯一直統

兵在外，對劉玄和他的近臣沒有什麼了解。因此，他只是笑了笑，沒把舅舅的提醒放在心上。

樊宏便把這一切寫信告訴了劉秀。劉秀早就感到有一股殺氣來自暗處。見此信後，便立即回信，勸誡哥哥，凡事應小心謹慎，不可大意。當年曾與他們兄弟共同起兵的李軼，本在劉縯部下，不屬新市平林黨派，但他諂事新貴，賣友求榮，竟甘心做那兩黨爪牙，一同謀除劉縯。從前劉秀在宛地，曾見李軼行為奸詐，不似其兄李通，便勸劉縯說：「此人不可復信！」但劉縯以為用人不疑，疑人不用，依舊信任如故。誰知，果然不幸被劉秀說中，劉縯的大意和過於直率的性格終於斷送了他的性命。

劉縯手下有一名得力部將叫劉稷，也是南陽的宗室成員，此人作戰非常勇猛，陷陣潰圍，勇冠三軍，但就是脾氣火爆、性格耿直，言談中常常露骨地表達出對更始帝的不滿和鄙夷，挑戰更始帝的權威。更始帝君臣聞知之後，懷恨在心，伺機圖之。就故意任命劉稷為「抗威將軍」，以示對劉稷的侮辱，對於這樣一個名號，劉稷當然不肯接受。於是，更始帝抓住此機，陳兵數千人，將劉稷抓捕，準備將其斬首示眾。

劉縯得知後，立即挺身而出，覲見更始帝，極力為劉稷辯護，義正詞嚴，讓劉玄也感到為難。但喪心病狂的李軼、朱鮪竭力勸說更始帝當斷則斷，藉此機會將劉縯一並鏟除，且不可再錯失良機，否則終受其害。無能的劉玄在這批險惡小人的操縱下，只好默許李軼、朱鮪的行動。

於是，李軼、朱鮪當眾指責劉縯與劉稷是一丘之貉，一個鼻孔出氣，對皇帝早有二心，應該同罪處斬。劉玄自然「龍顏大怒」，下令將劉縯和劉稷馬上斬首。立下了汗馬功勞的劉縯，就這麼不明不白地死在了族兄的刀斧之下。

劉縯一生耿直待人，結交不少豪俠之士，如今落入反對派的陷阱，而遭到如此悲慘的結局，實在令人嘆息。不過，歷史上哪個功高蓋主之臣能討得過「兔死狗烹、鳥盡弓藏」的命運呢？

此時劉秀正在進軍潁陽（今河南許昌），噩耗傳來，使他頓感天崩地裂、五雷轟頂、五內俱焚，他強忍悲痛，搖搖晃晃地走進內室，便昏了過去，經眾人搶救，才醒了過來。

劉秀把眾人支出內室，閉門靜思。夜晚，他和衣躺在臥榻上，淚光晶瑩的雙眼望著屋頂，半天沒有眨動。眼前總是浮現著兄長熟悉的身影，親切的笑容，豪爽的聲音。誰知如今兄長齎志而歿，兄弟天人永隔。

想他劉氏三兄弟，二哥在起兵初期已不幸身亡，連個後人都沒留下，現在連最疼惜他的大哥也離他而去。以後，他再也不能與同胞兄弟暢敘豪情，共圖大業，再也聽不到兄長的諄諄教導了。若是兄長犧牲在沙場上，劉秀會更以兄長為榮，繼承其遺志，堅定地走下去。可兄長死得如此冤屈，如此不值，這讓他情何以堪。想到這些，劉秀不勝悲痛，任淚水肆意傾流浸透了枕衾，灑落在地面。

一年之內，劉秀失去了數位親人。母親樊嫻都在子女起兵之初病逝故鄉，宗親代為收殮，子女忙於軍旅，無以盡孝。二哥、二姐、外甥女、二嬸、堂兄弟在小長安的戰鬥中俱赴黃泉。如今長兄又冤死於同一陣營的陰謀。劉秀遭受了常人無法忍受的痛苦，悲不自勝。遠望何以當歸，長歌何以當哭！劉秀遙望故鄉，默默無語，唯有淚千行。

眼淚也許是自我安慰的最好方式。劉秀大哭一場後，內心依舊隱隱作痛，但經過一夜的思索，他頭腦卻更加清醒了。他開始冷靜面對殘酷的現實，思索著前程，謹慎抉擇未來的道路。

他沒有在血腥的事實面前失去理智，他清醒地意識到自己所面臨的危境。更始帝已把鋒芒直指向自己，而以自己目前所掌握的兵力根本無力與之抗衡。左右思量之後，劉秀終於強忍心中的悲憤，帶領幾個隨從急馳宛城，向更始帝請罪。在劉秀驚人的毅力中，暗藏了人所不知的志向。在他的心裡，與更始君臣早已勢如水火，他要尋找機會獨樹一幟。但大謀需要大忍，他還需要長時間的忍耐。

劉秀回到宛城，劉縯的部下迎接、慰問他，劉秀只是在公開場合寒暄幾句，表示過錯在自己，不與來人私下交談，他不講昆陽的戰功，不為兄長舉辦葬禮，也不給兄長戴孝，反而與剛剛結為夫妻的陰麗華天天照常吃飯喝酒，有說有笑，一副及時行樂的模樣。而劉秀每當獨居時，總是不喝酒、不吃肉，以此寄託哀傷，身邊的人常發現他的枕席上有淚痕，叩頭勸他自寬，劉秀卻否認說：「沒有的事，你不要亂說。」

這些舉動迷惑了更始帝劉玄，劉玄對他放了心，認為劉秀不過是紈絝子弟一個。見劉秀沒有謀反之意，劉玄也覺得心中慚愧，不久就拜劉秀為破虜大將軍，封武信侯。

公元23年，王莽被義軍斬首，新朝覆滅。得到消息的更始帝劉玄心花怒放，準備先遷都洛陽，並封劉秀為「行司隸校尉」，先行去洛陽整修宮殿，為遷都做前期的準備工作。

此時，王莽政權剛剛滅亡，一片混亂的洛陽城裡，誰也不知道會有怎樣的危險在潛伏。更何況劉秀此時沒有兵權，僅僅帶著1200名軍士去洛陽，如果真遇到了危險，那是只有死路一條的。劉玄作出這個決定，其實就是再次對劉秀起了殺心。

劉秀知道，即使自己能逃過此劫把洛陽清理好，自認為坐定天下的劉玄也可能像對待哥哥一樣對待自己。因此，在前往洛陽

的前夕，劉秀不顧陰麗華的反對，強令將她送回了新野娘家。

劉秀之所以要將陰麗華送回娘家，而不是讓她和自己一同去洛陽，理由很簡單：他已經做好了最壞的打算，萬一死在劉玄的手上，即使劉家被抄滅，遠在新野的陰麗華也能夠逃過此劫。

在去往洛陽的路上，劉秀經過父城。在父城很有影響力的馮異聽說劉秀經過，非常高興，親自打開城門熱情相迎，不但向劉秀推薦了諸多人才，還主動表示自己願意接受劉秀的統領。劉秀收編了馮異的軍隊，在父城短暫停留之後，劉秀來到了洛陽。

在馮異的協助下，他很快就將一片混亂的洛陽城恢復了正常的秩序，並且修復了官署和宮室，派人向宛城的更始帝劉玄回報。得到消息的劉玄雖然懊惱劉秀居然沒死，但是對自己能進京登基卻不免喜出望外，很快就選了個黃道吉日「遷都」洛陽了。

更始政權由宛城遷都到洛陽，當時劉秀的職位是司隸校尉（相當於現在的公安部長），負責維持京城上下治安。不久後，他又兼任大司馬（軍事長官）之職，被派到河北去平定農民起義軍。此後，劉秀逐漸建立起自己的武裝，展開獨立的軍事活動與政治活動。

## 劉秀因何一生專情陰麗華

　　漢光武帝之妻陰麗華出生在南陽。陰家先世是輔佐齊桓公「九合諸侯，一匡天下」的管仲一脈，傳到第七代管修，以醫術名世，從齊國遷居楚國，為陰大夫，便以「陰」為姓。秦漢之際，陰氏子孫又來到南陽新野。

　　南陽當時還有一位著名人物，即後來的漢光武帝劉秀，他是漢高祖的九世孫，長沙定王的後裔，9歲而孤，寄養在叔父劉良家裡。他有兩個哥哥，長兄劉縯，次兄劉仲，都氣度恢宏，輕財仗義。劉秀更是生得一表人才，待人接物，慷慨磊落，行事更是睿智勇毅。

　　劉秀自幼鍾情於陰麗華，少年時期就立下一個心願──娶妻當娶陰麗華，這一志願在當時看來只是不著邊際的空想。因為當時漢代已歷十二帝，總計213年，帝裔子孫眾多，不可能一一照顧周全，更何況當時王莽已經篡位稱尊，劉氏子孫更受到無情的摧殘，劉秀一家早失去貴族的身分。在鄉里的財勢與聲望上，劉家似乎還比不上陰家，劉秀雖然熟知陰麗華貌美，但真正能把她娶過來作為自己的妻子，還是一件十分渺茫的事，當時只是心裡想想而已。

　　劉秀當時還有一個志願。一天，他在長安市上，看到執金吾出巡，前呼後擁，車騎很盛，於是發出「仕宦當做執金吾」的感慨。「執金吾」相當於現在的首都衛戍司令，劉秀當時在政治上

最大的追求也就如此而已。想不到時勢造英雄，後來他竟成了中興漢室的光武帝。

倘若美慧秀麗的陰麗華很早就嫁給了劉秀，而且劉秀又能在王莽政權中謀得一官半職，在如花美眷的拖累下，或躊躇滿志的狀況下，劉秀也許就此安於現實，不再有拼命謀求發展的鬥志與浩氣了。無奈多少士族少年向陰家求親，都嚐到婉轉拒絕的滋味，劉秀更是不敢貿然有所行動；再說想要在王莽新朝獲得立足之地，更是談何容易，為了完成他的兩個心願，時勢迫使他不惜工本地另謀發展。

王莽篡漢以後，推行了一連串雷厲風行的措施：恢復井田制度，設置六關、五均、賒貸等經濟制度，改革幣制，復古建制，變更官制。因為準備不周，食古不化，執行操切，政令蕪繁，造成經濟蕭條，民生凋敝，荒旱連年，盜賊蜂起的局面。

當時，樊崇起兵於山東一帶，把眉毛塗成紅色，號稱「赤眉軍」；王匡起兵湖北，號稱「新市兵」；王常起兵江陵，號稱「下江兵」；陳牧起兵荊襄，號稱「平林兵」；劉秀也從長安回到故鄉，號召家鄉子弟兵起而抗暴，號稱「舂陵兵」。

當時劉秀和他哥哥劉縯領導的「舂陵兵」與王匡、王常等人的部隊合在一起，號稱「綠林軍」，為了順應人心思漢的潮流，推立漢朝宗室劉玄為皇帝，以「反莽復漢」為號召，改元更始，一路攻略，中原地區盡皆

第二篇 探祕兩漢天子的深宮真相

陰麗華

歸之。

在消滅王莽的過程中,劉秀的功勞最大。公元23年,「綠林軍」幾千人被王莽主力42萬人包圍在昆陽城中,是劉秀帶18人突圍,帶回3萬多援軍,以少勝多,把王莽軍隊打得落花流水。從此,「綠林軍」乘勝前進,推翻王莽的統治,進佔長安。

就在此時,隨劉秀作戰的陰氏兄弟,說服家人,把陰麗華嫁給了劉秀,也正因為兩人的結合,劉秀才逃過了更始皇帝誅殺功臣的一劫。

更始皇帝先是殺了劉秀的哥哥劉縯,劉秀表面還只能強顏歡笑,要哭也是晚上偷偷地哭。陰麗華勸慰丈夫:「更始皇帝氣局狹小,小具規模便沈迷酒色,為求自保,不如向河北發展,也好相機獨樹一幟。」

陰麗華的話,給劉秀指明了一條正確的道路。一切計劃妥當,19歲的新娘回到母家暫住,劉秀以有名無實的特使虛銜,帶領數百人馬渡過黃河,一路撫輯流亡,廢除苛政,排除萬難,爭取民心,贏得了河北諸郡的愛戴和擁護。劉秀就是以此作基礎,建立東漢,他的「雲台二十八將」也多出在這一帶地區,可以說陰麗華不僅使劉秀避禍,而且還使他建立了一個政權。

當時,邯鄲地方有一個以卜卦為生的術士王郎,乘群雄並起之際,稱自己是漢成帝的兒子劉子輿,自立為王,聲勢浩大,是劉秀在河北擴展勢力的主要障礙。劉秀要徹底擊滅他,必須借重劉揚的勢力,作為權宜之計,不惜答應娶劉揚的甥女郭氏為妻,終於借得精兵十萬,擊敗王郎,廓清河北。他拒絕了更始皇帝的封號,別樹一幟,不久即帝位於南部的千秋亭,以建武為年號,定都洛陽。

於是在冊立皇后的問題上就出現了一個問題,是立郭氏為后

呢?還是以陰麗華為后?儘管郭氏是劉秀患難相隨的紅粉知己,在戎馬倥傯中,郭氏一直追隨左右,並已身懷六甲,但依然只得了一個貴人的稱號。

陰麗華是劉秀的結髮妻子,劉秀一心一意要把皇后的位置留給她,星夜派侍中傅俊將她迎來洛陽。不料陰麗華卻說,「困厄之情不可忘,而況郭貴人已經生子」,堅持不肯接受皇后的冊封。光武帝迫不得已,只好立郭氏為后,封陰麗華為貴人。

陰麗華的謙德與她的家風是密不可分的。天下初定,陰麗華的哥哥陰識因隨軍征戰有功,劉秀本擬破格封賞,以示對陰麗華的補償,然而卻受到陰識的謝絕,他說;「天下初定,將帥有功的多,臣托屬外戚的關係,不能示天下以不公。」

這是建武二年的事。又過了兩年,陰麗華隨侍光武帝征討彭寵,在河北生下一子,就是後來的漢明帝。

陰麗華的另一個兄弟陰興當時為黃門侍郎,指揮武騎,隨軍征伐,算是劉秀的貼身侍衛長,每次出入,都拿一個小蓋傘為劉秀遮風避雨。建武九年,劉秀升遷他為侍中,賜爵關內侯,印綬已經準備妥當,陰興卻堅決辭讓:「臣未有先登臨陷之功,而一家數人並蒙爵賞,轉令天下失望,誠所不願。」事後,陰麗華私下問兄弟為什麼要那樣說,遭到陰興的反唇相譏:「貴人不讀書嗎?亢龍有悔,盛極則衰,外戚家苦不知謙退耳!」

在稱帝後的十年之中,劉秀恩威並濟,終於使天下歸心,成就了大一統的局面,轉而偃武修文,休養吏民,保全勳臣,崇尚義節。陰麗華也陸續生養了5名子女,終於在建武十七年,劉秀廢掉郭皇后,冊立陰麗華為皇后。

劉秀親自草擬詔書,說明廢郭皇后,立陰麗華的道理,「皇后郭氏,懷執怨懟,數違教令,不能撫循他子,訓長異室。宮闈

之內,若見鷹鸇,既無關雎之德,而有呂霍之風,豈可托以幼孤,恭承明祀?今遣大司徒戴涉、宗正劉吉持節,繳上皇后印綬。陰貴人鄉里良家,歸自微賤,先是固辭后位,長久恭謹謙讓,宜奉宗廟,為天下母。異常之事,非國之弱,不得上壽稱慶。」劉秀對陰麗華長久的歉疚,終於得到補償的機會。

陰麗華雖然真的沒有當皇后的念頭,但由此也明白了劉秀對她的真情厚意,心中自然是十分滿足。但她仍一本初衷,恭儉仁厚,謙讓自抑,不喜笑謔,事上謹慎柔順,處下矜惜慈愛,天下都稱她為賢后。

劉秀在位32年,每日凌晨起臨朝處理朝政,直至日已西移方休,午後常召集公卿郎將,講論經書的道理,入夜還秉燭誦讀,直到更闌夜深。皇太子一次利用劉秀休息的時間加以勸說:「陛下有禹湯之明,而失黃老養生之福,願頤養精神,優遊自寧。」劉秀微笑說道:「我自樂此不疲!」

陰麗華一生謙德可風,相夫教子,主理後宮,不曾干預朝政,更能約束家人,使劉秀無後顧之憂,專心國事,才出現了與「文景之治」並稱的「光武中興」時代。

劉秀死後,陰麗華的兒子即位,就是漢明帝,尊陰麗華為皇太后,又過了7年,陰麗華死,享年60歲,合葬在劉秀的原陵。

皇帝的婚姻,鮮有幸福圓滿的結果,而劉秀、陰麗華卻和諧得令人羨慕,這固然是由於劉秀的寬仁厚德,惜念舊情,而陰麗華的貌美德高與安分守己,更是最重要的因素。儘管有陰麗華這樣的皇后開了頭,但東漢最終還是亡於外戚,竇太后、鄧太后通過自己的父兄把持朝政,形成東漢後期外戚與宦官交替專權的局面,這是劉秀和陰麗華始料不及的。

# 漢章帝劉炟

## 東漢衰敗由他始

　　漢章帝，名劉炟，東漢第三任皇帝，漢明帝劉莊第五個兒子。生於公元57年，其生母是漢明帝之妾賈貴人。因明帝最寵愛的馬貴人無子，因而被送予馬貴人做養子，後因馬貴人被立為皇后，得以子憑母貴，於公元60年立為皇太子，當時劉炟年僅4歲。公元75年，明帝駕崩，時年18歲的太子劉炟即位，是為漢章帝。

　　公元88年正月，漢章帝駕崩於洛陽章德前殿。在位13年，享年31歲，葬於漢敬陵（今河南洛陽東南）。

　　在其十餘年的政治生涯中，漢章帝完成了東漢政治的兩個過渡：一是使東漢皇朝臻於富強的極盛時期，二是使東漢統治由此走向衰落。盛久必衰、衰久必盛，似乎是中國古代歷史發展的一條規律。

# 劉炟為何對叔叔劉蒼之死痛心疾首

漢章帝劉炟最為敬重的諸侯王,莫過於他的親叔叔東平憲王劉蒼了。

劉蒼是光武帝劉秀和陰麗華皇后所生的第二個兒子,也是漢明帝劉莊的同母弟弟。劉蒼於公元39年受封為東平公,公元41年晉封為東平王。

在光武帝劉秀的10個藩王中,劉蒼無疑是最優秀的一個。史稱劉蒼自幼便好讀經書,博學多才,智慧頗高。漢明帝劉莊做太子時,便對這位親弟弟非常欽佩,繼位稱帝後,對劉蒼更加器重。公元58年,東平王劉蒼被任命為驃騎將軍,他沒有像其他藩王一樣,立即就國,而是被新即位的漢明帝留在京師輔政,位在三公之上,成為東漢時期地位、權勢最高的藩王。每當漢明帝出外巡視時,便由劉蒼在京留守。劉蒼輔政有四、五年的時間,為漢明帝時的「太平盛世」作出了較大的貢獻。

據載,劉蒼曾與大臣共同擬定了南北郊冠祀和冠冕車服等一整套禮樂制度,又曾多次諫勸漢明帝不要在春耕農忙時狩獵遊玩,以誤農事,都為明帝聽取。與當時王子們驕奢淫逸的作風決然不同,劉蒼雖位居一人之下、萬民之上,但毫無驕縱之意。相反,劉蒼因輔政期間「多所隆益,聲望日重」,而常常「意不自安」。於是劉蒼上疏明帝請求辭去輔政之職,歸藩就國。

明帝看過疏文,深受感動,下詔對劉蒼進行褒獎,但沒有應

允他的辭請。此後，劉蒼又多次陳遞辭呈，請求除職去封國，言辭非常懇切。這樣，劉蒼才在公元62年離開京師洛陽到東平都無鹽（今山東東平東）就國。但是明帝沒有准許劉蒼呈繳驃騎將軍的印綬，此後又多次對他進行褒獎和厚賞。

漢章帝劉炟即位後，對這位德高望重的叔叔更加敬重，對他的恩寵禮待超過了前代皇帝，更是其他各藩王無法相比的。劉蒼也十分關心朝政，不時上諫。

建初元年，山陽、山平發生地震。東平王劉蒼上書提出三項建議，章帝回書說：「丙寅時所送上的便宜三件事，朕親自閱覽誦讀，反覆了多次，才得以心胸開闊，眼睛明亮，曠然啟蒙，茅塞頓開。最近在官吏的奏書中也有此類建議，但朕見識才智淺薄，有時認為或許可行，後來又認為不可行，不知如何裁定。為什麼呢？災害怪異現象的出現，都是由於政治引起的。現在變改年號以後，收成不好使百姓迫於飢寒，逃離他鄉，這是朕沒有德仁遭到報應造成的。在冬天和春天又乾旱非常厲害，涉及的範圍非常寬廣，雖然內庫的財用還能夠暫時敷衍資費，但是還不清楚將來到底會怎麼樣。獲得了您意旨深章的奏章，朕豁然開

漢章帝　　漢明帝

朗，也有了主張。《詩經・國風》不是說過嗎，沒有見到有德有才的好人，我憂心忡忡沒有主張；已經見到有德有才的賢士，我的心踏實猶如懸著的石頭落了地。思考再三，只有您的奏章最好。我將照你的計策去執行。在此，特別賞賜給您五百萬錢。」

後來，章帝打算在光武帝的原陵和明帝的顯節陵兩地設縣，劉蒼聽說後，立即上書勸諫說：「我曾見光武皇帝親身履行節儉的原則，他深明什麼是生命之始與生命之終，懇切地指示喪葬後事。孝明皇帝大孝而不敢有所違背，遵從執行了父命。自謙的美德，這是最為盛大的了。我認為，在皇陵設邑這一制度的出現，始於強暴的秦朝。古代有墓無墳，連葬身的土壤都不要它顯著突出地面，何況建立城市、修築牆垣！上違先帝的聖意，下造無用的工程，白白浪費國家資財，使百姓不得安寧，這不是招致祥和之氣、祈求豐年的做法。望陛下履行虞舜的至孝，追念先人的深意。我實在擔憂兩位先帝的純潔美德不能夠永久流傳！」

章帝閱後立即引以為戒，停止了這一規劃。從此以後，每當朝廷中爭議較大、難以決定的疑政，章帝總是派使者乘坐驛車前往問詢，而劉蒼則每次都是根據情況認真分析，盡心做出合理的答覆，其意見均被採納。

公元82年春天，劉蒼要到京師朝拜。這時的劉蒼已是年逾古稀的老人了，章帝大盡人君之德、人侄之孝，不僅增加了他行程的經費，而且以劉蒼「冒涉寒露」，派人專程送去貂裘，甚至親臨其京師宅邸，親自檢查床鋪、帷帳等用品，唯恐有所疏漏。

一個多月後，其他五王均按制返回封地，章帝又一次單獨把劉蒼留下，直到八月才同意他回去。臨行前，章帝親筆賜寫詔書，「車駕祖送，流涕而決」。

劉蒼回封地後，便一病不起，章帝急忙派遣宮廷名醫前往醫

治，並派宮廷小黃門親自侍奉，派往探視病情的人員更是冠蓋相望，不絕於道。章帝又專門設置了驛馬，以備傳達視問病情之用。不久，劉蒼病故。

漢章帝痛心疾首、哀婉不已，他詔令把從建武以來劉蒼所上奏章及所作書、記、賦、頌、七言、別字、歌詩等作品，整理在一起備覽。

劉蒼下葬時，章帝親自作《策》，全面評論他的一生。又曰：「昊天不弔，不報上仁，俾屏餘一人，夙夜煢煢，靡有所終。」深切表達了失去叔叔的悲痛與孤獨。

公元85年，章帝巡視東平，追憶劉蒼的種種德行，不禁悲從中來，對劉蒼的後代說：「思其人，至其鄉；其處在，其人亡。」對逝去親人的思念，物是人非的感慨，不僅感染了周圍的人們，也穿越了時空，撥動著歷代後人的心弦。

# 劉炟為何廢掉劉慶皇太子之位

漢章帝劉炟是在他18歲那年即位為帝的，登基之後，他的後宮迅速充盈起來。公元77年，沘陽公主的兩個女兒竇氏姐妹、舞陰長公主的夫家姪女梁氏姐妹同時被選入宮，與早在劉炟做皇太子時就已經入宮的明德皇后表外甥女宋氏姐妹一起成為章帝初年後宮中的六名貴人，她們中的一個將成為未來的皇后。

宋貴人和梁貴人姐妹都是章帝的表妹，竇貴人姐妹則是章帝的外甥女。除了輩分上的不同之外，竇氏姐妹在出身上與另兩對姐妹還有身分上的不同，她們出生在一個超乎想像的富貴家族。

在東漢初年，光武帝皇后陰麗華的陰氏家族、郭聖通的郭氏家族、光武帝母親的樊氏家族以及漢明帝皇后馬明德的馬氏家族，被合稱為「四大外戚」。漢明帝劉莊甚至專門下旨，建立南學宮，為這四姓子弟專開講學堂。能與這四大外戚相提並論的，就只有竇氏家族了，竇氏與這四大外戚並列，稱「五大世家」。

竇氏家族的開創者是竇氏姐妹的曾祖父、東漢開國元勳大司空竇融。竇氏姐妹的祖父竇穆娶內黃公主，堂叔父竇固娶光武帝劉秀之女涅陽公主，而她們自己的父親竇勳則迎娶了劉秀廢太子東海王劉彊的女兒沘陽公主。竇氏家族在漢明帝劉莊時期，曾同時擁有一公、兩侯、三公主、四位二千石大臣，有了這樣顯赫的門第，再加上竇氏姐妹自幼接受母親沘陽公主以振興家族為目的的教誨，對這位皇帝舅舅兼丈夫百般逢迎。

因此，在選擇皇后的時候，章帝自然而然地傾向了竇氏。公元78年三月，竇氏姐妹中的姐姐大竇氏被冊立為皇后。

竇皇后位極宮掖，春風得意。然而，竇氏姐妹和西漢成帝的皇后趙飛燕和她的妹妹趙合德一樣，竇皇后和她妹妹小竇貴人都生不出兒子，只能眼巴巴地先是看著宋大貴人生下皇三子劉慶，又看著劉慶在建初四年四月被冊立為太子。大宋貴人自入宮起，就受到章帝養母馬太后的喜愛，現在兒子又被立為太子，其勢力不容忽視。這對大竇氏后位絕對是個巨大的威脅。正在竇皇后心焦如焚的時候，小梁貴人也生下了一個兒子，這就是皇四子劉肇。竇皇后一把就將剛呱呱墜地的劉肇抱到自己懷裡，聲稱要將他過繼過來，像對待親生兒子一樣悉心撫養，還裝出一副賢德慈母的樣子。也許是竇皇后的這一舉動，讓章帝想到當年馬太后對自己的悉心撫育，而竇氏論地位、才學、能力都比劉肇的生母小梁貴人高得多，他也就欣然同意了。小梁貴人也想到了這一點，再說，這個孩子跟了皇后，必定身價倍增，就算將來只做個諸侯王，皇上在封邑和封賞方面也不會虧待與他，說不定將來還有機會爭得儲君，那她這個做親娘的能跟著沾些光。更何況皇帝金口一開已經答應了，自己就是想反對也反對不了。

竇氏雖然效仿了自己的養婆婆（因為漢章帝是明帝皇后馬氏的養子）抱來小梁貴人所生的兒子劉肇為養子，但她卻沒有馬太后那種賢德和愛心。竇皇后不在身旁找成功的榜樣，卻到一百年前找失敗的榜樣，她決心效法霍成君和趙飛燕，採取血腥手段，為自己穩固後位掃除障礙，太子的母親大宋貴人因此成為她首先要鏟除的對象。

公元79年，皇太后馬明德逝世，宋貴人姐妹的保護傘也就消失了，竇皇后也開始伸出了她的毒手。她先是借助漢章帝對自己

的寵愛，日夜在章帝耳邊挑唆，吹枕邊風，終於使得大宋貴人母子失寵，小宋貴人也自然受到了牽連。然後，她又捏造了一出「生菟巫蠱」案進一步陷害大宋貴人。

竇氏的陰謀能得逞，還在於她和西漢宣帝的第二位皇后霍成君有那麼一點相似，那就是，她們都有一個驕橫膚淺、殘暴不忍、手段毒辣、不明事理的親娘。

據推測，竇皇后那年不過20出頭，還沒有那麼多心眼和能力去安排一切陰謀，背後的始作俑者兼實際「操盤手」應該就是她的母親——沘陽公主。當時竇皇后的哥哥竇憲，正擔任虎賁中郎將，統領禁衛軍，弟弟竇篤則擔任黃門侍郎。於是，竇氏就讓他們負責偵察宋氏家族的過失。在宮廷之內，竇皇后和沘陽公主指使宮女與宦官嚴密監視宋家姐妹。

可憐宋氏姐妹的父親，不過是一個手無縛雞之力的文官。而竇皇后一家，除了她自己是皇后，位冠後宮外，母親又是公主，兄弟都掌握實權。這場鬥爭的天平，一開始就向他們傾斜。於是在竇家裡應外合的夾攻之下，宋氏家族最終未能避免「樹倒猢猻散」的命運。

有一次，大宋貴人因病中想吃生菟，就寫信給自己的母親，請她買點生菟送到皇宮。生菟，俗稱菟絲子，是一種植物，中藥常用的一種營養藥劑。

大宋貴人寫給母親的這封信，本是普普通通的家書，落到竇家班狗腿密探之手，竟成了百口莫辯、犯罪確鑿的證據。身為皇后的大竇氏先是假裝大吃一驚，再做出了痛心疾首樣子，悲呼道：「天啊！皇帝對你們宋家，有哪點不好？你竟然狠心用生菟作巫蠱，去詛咒他早死，好讓你的兒子登基，自己當皇太后呀？」哭鬧一陣，又喊叫一陣，表演了無懈可擊的忠貞之後，她

向劉炟乞求道：「宋貴人想當皇后，竟然不惜用生菟作巫蠱詛咒陛下，只要能讓陛下和大漢太平、安康，臣妾願讓出皇后之位，無論為妾、為婢，甚至貶到冷宮，臣妾都無怨無悔。」

劉炟一看美貌嬌妻對自己的愛得如此深切，又如此深明大義，不由得大為感動。雖沒有立即作出反應，但對宋氏姐妹已興起無名厭惡，不再招幸她們，甚至連面也不願再見。並且下令把皇太子劉慶遷出皇宮，到宮外的承祿觀去住。

對竇皇后而言，這已經算是初戰告捷了，而章帝對她更是完全信任、疼惜有加。於是，竇皇后重新調整天羅地網，讓掖廷令正式檢舉宋氏姐妹包藏禍心。章帝應允了，下令逮捕宋氏姐妹嚴查到底。宋氏姐妹雙雙被押送到宮廷法庭，由擔任宮廷侍衛的宦官蔡倫主審此案。

提及蔡倫，人們會立即想到中國古代的四大發明之一造紙術，蔡倫留給歷史的正是改進造紙術的傑出榮耀。然而，蔡倫還有一個鮮為人知的另一重身分，就是東漢王朝鮮有的酷吏之一。

面對這兩位尊貴年輕的姐妹花，昨天還是享盡恩寵、養尊處優的貴人，今天卻成了連奴婢都不如的階下囚。蔡倫採取酷吏的一貫手法，對她們進行了嚴刑拷問。宋氏姐妹受不了苦刑，明知道承認了會招來可怕的災禍，可是仍不得不「坦承不諱」，而且攀上親生兒子，承認5歲的太子劉慶也參與她們的陰謀。

公元82年六月，漢章帝廢去5歲的劉慶皇太子之位，貶為親王清河王，立竇皇后的養子年僅三歲的劉肇為皇太子。

兒子被逐下皇太子寶座，接著是懲罰年輕無辜的母親。蔡倫又一次顯示了他的酷吏作風，堅持法律尊嚴，要求依律對宋氏姐妹進行懲處——判處絞刑。可憐一對嬌生慣養的姐妹，受盡了羞辱和痛苦，又被打得遍體鱗傷，蜷臥在囚室一角，哭天不應，哭

地不靈。悲憤交集下，她們知道已到了絕境。最後，買通看守，抱頭痛哭一場後，雙雙服毒自殺。

竇皇后如願以償的讓養子劉肇做了太子，看來她的皇后之位算是穩固了，說不定用不了多久，自己就可以榮升太后了。想到這裡，竇皇后不由地得意揚揚起來。可轉念一想，作為太子生母的梁貴人及其娘家若是將來得勢，對自己還是存在威脅，就想借機除去梁貴人及梁氏一族。

於是在她母親沘陽公主的教導下，於公元83年，暗中派人作飛書（即匿名信）誣告梁貴人的父親梁竦謀反。梁竦屈打成招，死在獄中，梁家盡數流放到九真郡（今越南順化）。梁氏姐妹的伯母、光武帝劉秀的女兒舞陰公主也沒能逃脫，看在她是堂堂公主的份上，總算只是貶往新城（河南密縣）幽禁起來。沘陽公主連自己的親姑姑都不肯放過，何況是梁小貴人？就在梁家敗落的當年，梁貴人姐妹雙雙斃命，梁小貴人當時僅22歲。

然而，大人們的你死我活並沒有影響到廢太子劉慶和新太子劉肇之間的兄弟情誼。章帝雖對宋貴人負心，但並沒有因此影響到他做劉慶的好父親。劉炟廢劉慶的太子位，只是迫於宋貴人「巫蠱」的不得已之舉，對於劉慶的成長他仍然給予了相當的關注，父子倆重演了當年劉秀與劉彊間的戲碼：劉慶仍然享有與太子一樣的服飾、車馬、宮室。為了預防日後太子即位猜忌兄長，趁兩個兒子仍在幼年，章帝還特地要求他們出則同車、入則共帳，兄弟之間培養出了相當深厚的感情。

公元88年，31歲的漢章帝劉炟駕崩，年僅10歲的太子劉肇即位，晉竇皇后為皇太后，竇太后的兄弟竇憲、竇篤、竇景、竇瓌得以把持朝政。於是，外戚又開始執掌國柄，東漢王朝迅速滑向了衰敗。

# 漢獻帝劉協

## 亂世飄零亡國恨

漢獻帝劉協（181年—234年），字伯和。

公元189年，漢靈帝駕崩，9歲的劉協為陳留王。董卓立劉協為漢帝。在董卓等人挾持漢獻帝作亂時，劉協採取以虎驅狼的辦法，利用曹操保駕，卻又被曹操控制。漢獻帝不甘為曹操控制，公元200年曾發衣帶詔密令舊臣除去曹操，結果事情敗露，使多人喪命。公元214年劉協欲聯合劉備、孫權殺死曹操，又因事情敗露而致使宗族200餘人喪命。公元215年，曹操威逼漢獻帝立其女為皇后。延康元年（220年），漢獻帝禪位曹丕，自己被封為山陽公。

漢獻帝的一生，是典型的倒楣一生：空有大志卻鬱鬱難舒；空有帝號卻被人視如兒戲；沒有窮奢極侈，也沒有暴戾專橫，卻一樣被人滅國。

從諡法上看，劉協諡號為「孝獻皇帝」，孝是漢朝皇帝諡號的慣例，而後一字的含義是「聰明叡哲曰獻，知質有聖曰獻」，由此可見，「獻」是一個美諡。而縱觀其一生，雖身為傀儡，卻難掩其睿智。因此，「獻」這個諡號，劉協也算當之無愧。

# 劉協即位為帝的來龍去脈

董卓廢劉辯立劉協的主要目的是為了削弱何氏外戚集團早已形成的勢力，便於自己控制皇帝！董卓廢劉辯立劉協，自任相國，將朝政控制在手中。

至此，長期以來交替執政的外戚和宦官集團的鬥爭，宣告結束，東漢王朝只剩下一個空殼，名存實亡了！此後，統治階級內部的矛盾鬥爭，便主要表現為各個官僚地主武裝集團之間的衝突，即軍閥混戰了。

但此舉也產生了巨大的負面影響，這是董卓及其幕僚所沒有考慮到的。綜觀東漢一朝的權臣，沒有人比董卓的機會好。而他，偏要把局面弄糟，糟到不可收拾。他以伊尹、霍光自居，而給人的印象，是「又出一個王莽」。他做了不必要的廢立，殺害無辜的何皇后和少帝，引起全國有識之士的不平，也給了反對他的袁紹等人以有力的口實！

出於感情，董卓對劉協確實有些好感。據晉人陳壽《三國志·魏書》之宋人裴松之的注有曰：「卓與帝語，語不可了。乃更與陳留王語，問禍亂由起；王答，自初至終，無所遺失。卓大喜，乃有廢立意。」

也有人認為董卓很笨。呂思勉批評他：為了替國家選一個好皇帝，董卓是可以原諒的，然而他無此權力，也無此聲望；為了替自己篡位或攬權鋪路，董卓那就不免自找麻煩。一個糊塗的少

帝,要比聰明的陳留王容易駕馭。董卓應該先把中央政府弄好;想廢立,等待將來不遲!

東漢末年朝廷的大患是宦官把持政權。董卓到達洛陽之時,宦官剛好已被殺盡,而且,外戚也衰落了。董卓如肯向好裡做,是十分容易收斂的。他似乎除了這件廢立之事以外,也頗像是有心做好。他起用了很多好人,文人,又替陳蕃、竇武等人翻案。他提拔蔡奕,也重用了韓馥、劉岱、孔伷,叫這三人分別為益州牧、兗州刺史、豫州刺史。荀爽是一位布衣處士,董卓拜他為三公之一的司空。其他兩位三公,司徒楊彪和太尉黃琬,也均為一時之選。劉表做過何進的幕僚,董卓於廢掉少帝,殺了何太后,與何家成了仇人後,卻敢重用劉表,封他為荊州刺史。

所以說就董卓入主洛陽初期來講,他也心存一些理性,廢劉辯立劉協確為董卓本意。

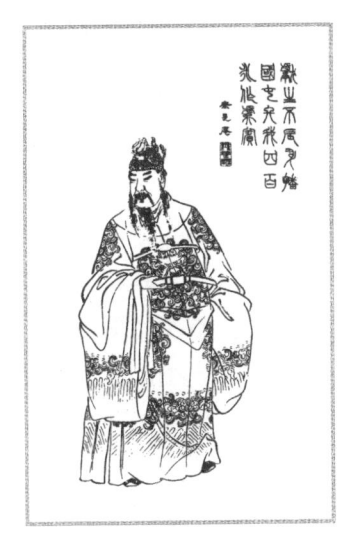

漢獻帝　　　　　　　　董卓

# 劉協「衣帶詔」敗露真相

漢獻帝劉協總感覺自己這個皇帝做得實在窩心，先是被董卓當做手中的一張王牌；後來，又成了李催、郭汜爭來奪去的一份本錢；結果，是曹操牢牢掌握的任憑擺布的一個傀儡。

所以，劉協不能忍受這種高級囚徒的生活，被曹操挾制得喘不過大氣來，他就策劃了一次反曹的行動。但劉協實在沒有力量，也不知道哪些人可以依靠，哪些人是不可靠的。劉協寫了一道密詔縫在衣帶裡，賜給車騎將軍國舅董承。

董承回到家，從衣帶的襯裡之中發現了一份用鮮血寫成的詔書，悲憤的漢獻帝在血詔中拜託他邀集一批忠義之士，設計殄滅曹操。於是，董承就祕密約了他的幾個親信，商量怎樣除掉曹操。他們覺得自己力量不夠，認為劉備是皇室的後代，一定會幫助他們，就祕密找劉備前來商量。

劉備是河北涿縣人，他的遠祖是漢景帝14個兒子之一的中山靖王劉勝。劉勝的小兒子陸城亭侯劉貞，因為貢獻給皇帝的黃金成色不足，被漢武帝降為平民。雖然劉備也算是漢獻帝遠房的叔叔，但他的出身卻相當卑微，加之他的父親去世得早，家境中衰，以至於他從小就只能跟隨母親織席販履，在孤苦貧困中過了少年時代。

15歲時，劉備曾與公孫瓚一同求學於九江太守盧植門下。不過劉備年輕時與當年的劉邦頗有些相似，不喜歡讀書，卻愛好騎

劉備　　　　　　　曹操

馬、玩狗和音樂，他為人溫和仁厚，好結交豪傑義士。

　　劉備的性格和皇族的身分，使當時的年輕人都爭相與他交遊。其中，山西臨猗人關羽和河北涿縣人張飛更是與劉備志趣相投，情同手足。他們三人還在桃園結拜為異姓兄弟，發誓要同生共死，一起幹一番驚天動地的大事業。這就是家喻戶曉的「桃園三結義」的故事。

　　漢靈帝末年，黃巾大起義，天下大亂。劉備在涿縣招募了一群少年豪傑，組織起一支民兵隊伍，參加了鎮壓黃巾軍的行動。劉備的行動得到了漢政府的獎賞，不久就因功被東漢政府任命為安喜縣縣尉，後來又升遷為徐州刺史，劉備從此走上一條武力發跡之路。

　　劉備與徐州刺史陶謙是故交。曹操又一口咬定陶謙是殺父的仇人，還親領大軍攻打徐州，把徐州地面上的彭城、傅陽、取慮、睢陵、夏丘等五個城邑殺得雞犬不留。徐州保衛戰結束之後不久，陶謙就一病不起，臨死之前把徐州托付給了劉備。

　　後來，呂布陰謀奪取徐州，與袁術夾攻劉備，迫使他投奔曹

操。曹操也不計前嫌，以漢獻帝的名義任命他為豫州牧。漢獻帝也很喜歡劉備，又拜他為左將軍、宜城亭侯。

從表面上看，劉備好像是曹操著意栽培的同黨，但暗地裡曹操卻在防備著他，派人暗中監視。劉備深知曹操的性格喜怒無常，為了避免災禍，他只是在自己園子裡種菜澆水。這些行為迷惑了曹操，曹操見劉備沒有什麼可疑之處，也就漸漸放下心來。

與曹操不同的劉備是一個很看重道德的忠義之士，如果曹操是一個情操高尚的領袖，劉備一定以自己的真誠與他肝膽相照，成為他的盟友，就像劉備當年成為孔融和陶謙的好朋友一樣。

然而，曹操並不是一個真誠和高尚的人，他滿腦子想的，不是如何去做一個合格的丞相，而是如何利用自己的權勢去謀取個人的利益。

所以，歷史上評價曹操的時候，總是說他「名為漢相，實為漢賊」。因此，當董承等人把血詔出示

桃園三結義

給劉備觀看的時候，劉備立即表示願意加入反曹的同盟。

這就是歷史上著名的「衣帶詔」事件。也是漢獻帝劉協試圖收回皇權所做的一次努力，是他對命運所做的一次抗爭。但不幸的是，他失敗了。

沒多久，曹操邀請劉備去喝酒。兩個人一面喝酒，一面有說有笑，談得很融洽。他們談著談著，很自然地談到天下大事上來了。曹操拿起酒杯，說：「您看現在那麼多人在爭奪天下，有幾個算得上英雄呢？」

劉備謙虛地說：「我說不上來。」

曹操面露笑容，從容地對劉備說：「依我看，當代的天下英雄，只有將軍和我曹操兩個人。像袁紹這號人，算不上什麼。」

劉備為了跟董承同謀的事，心裡正在七上八下，聽到曹操這句話，大吃一驚，身子打了一個寒顫，連手裡的筷子都掉了下來。

就在這節骨眼上，天邊閃過一道電光，接著就響起一聲響雷，劉備一面低下身子拾筷子，一面說：「聖人說：『迅雷和暴風，能使人改變臉色。』真是這樣。」就這樣，劉備總算把驚慌的神情掩飾過去，沒讓曹操看出破綻。

喝完酒出來，劉備再三琢磨曹操的話，覺得曹操把他看作唯一的敵手，將來不會輕易放過他。此後，劉備一面和董承他們聯絡共同設法除掉曹操，一面找機會離開許都。

湊巧，袁紹派他兒子到青州去接應袁術，要通過徐州。

曹操認為劉備熟悉那一帶的情況，就派遣劉備與朱錄去截擊袁術，曹操的謀士郭嘉等聽到曹操放走劉備，趕快去找曹操，說：「劉備有野心，不能放他走呀！」經郭嘉一提醒，曹操也有些懊悔了，馬上派人去追隨，但為時已晚，劉備已經帶著關羽、

第二篇 探祕兩漢天子的深宮真相

張飛等人走遠了。

劉備打敗了袁術，奪取了徐州，殺死徐州刺史車冑，他留關羽鎮守下邳，代理下邳郡太守，自己回到小沛，決定不回許都去了。徐州本來是劉備做過刺史的地方，附近的郡縣都響應他，背叛了曹操。劉備因此擁有了數萬士兵，他還積極派使者與袁紹聯繫會師。曹操派遣司空長史劉岱和中郎將王忠率軍進攻劉備，劉岱等失利，劉備對劉岱等人說：「像你們這樣的，來上一百個，也不能把我怎麼樣；如果曹公親自來，勝負就難以預料了。」

就在劉備在徐州宣布反曹的第二年春，有人向曹操告發了漢獻帝密令董承誅殺曹操的事，曹操殺死了董承和參與此事的侍郎王子服、長水校尉種輯、議郎吳碩、昭信將軍吳子蘭，並將他們的三族全部誅滅。如此一來，反曹同盟之中，只有劉備和西涼太守馬騰幸免於難。

接著，怒氣沖沖的曹操手持寶劍，率領武士入宮，當著漢獻帝的面，用白練勒死了漢獻帝鍾愛的董貴人。董貴人是董承的妹妹，當時懷有5個月身孕，儘管獻帝極力保護，最後也未能幸免。曹操又借此殺了一大批忠於獻帝的臣子，朝廷上下安排的都是他的親信。

董貴人被曹操害死後，伏皇后內心不安，她寫信給她的哥哥伏完，歷數曹操罪惡，請伏完尋找機會除掉曹操。公元214年，伏皇后給他哥哥伏完的信被伏家的一個僕人偷偷地獻給曹操。曹操勃然大怒，進宮脅迫獻帝廢去伏皇后，獻帝猶豫不忍。曹操不等獻帝許可，便讓尚書令華歆起草廢后的詔書，逼獻帝蓋印。

伏皇后得到詔書，正想搬出後宮，忽然聽到外面人聲嘈雜，原來是華歆帶人來搜捕皇后。伏皇后嚇得躲進宮中的夾牆裡，被華歆發現。華歆揪住伏皇后的頭髮，將她拖到外殿。

獻帝正在外殿和御史大夫郗慮坐著，見伏皇后披頭散髮，赤著雙腳，情形十分悲慘，不禁淚流滿面。

伏皇后對獻帝哭泣說：「真的就不能活命了嗎？」

獻帝嘆了一口氣，說：「我也不知道自己能活到哪一天！」

華歆不由分說，將伏皇后拉走，關在監獄裡，幽閉而死。伏皇后生的兩個兒子被毒死，伏氏家族受株連被處死的有100多人。公元215年正月，曹操立他的第二個女兒曹節為皇后。

「衣帶詔」事件的敗露使漢獻帝劉協付出了許多血的代價：他的岳父董承被滅了三族，董承之女董貴妃和腹中胎兒被一並誅殺；貴為皇后的伏氏及兩個皇子連同伏氏的家族，也成了曹操刀下之鬼。

劉協在處理與曹操的關係面臨著一個兩難困境：一方面，劉協的小朝廷全賴曹操的支持，全靠曹操大軍拓展疆土；但另一方面，曹操打下的江山卻不再姓劉了。

漢獻帝在歷史舞台上扮演了一個令人同情的、悲情的亡國之君的角色，但劉協並不是一個昏庸無能之輩；相反，他能力出眾，聰慧睿智，一心希望中興漢室。而東漢一朝之所以在劉協手裡終結，是因為他只不過是一個空殼子的皇帝而已——「威權去已」。

於是，隱隱約約間，一個曹姓王朝的身影開始出現。

# 劉協禪讓之謎

建安二十五年（220年）正月，曹操因病死去，終年66歲，他的二兒子曹丕襲爵為魏王。漢獻帝以為曹操一死，自己就可以親自執掌朝政，劉家的帝位可以延續下去了，於是在這一年三月改年號為延康元年。

其實，這早已是個美麗的不可實現的夢想。還在曹操活著的時候，孫權曾勸曹操稱帝，曹操還說：「這小子是想把我放在火上烤啊！」一邊把孫權的上書傳給大家看，在炫耀中也表明了一種心跡，他是在做著輿論上的準備，也是讓群臣們做著心理上的準備。

果然，侍中陳群立即回應，稱「漢祚已終」，勸曹操「宜正大統」。而曹操則早已掩飾不住內心的激動，說：「如果天命如此，那麼就讓我做周文王吧！」當初，姬昌反對商朝統治，三分天下而有其二。他的兒子周武王最後推翻了商朝，建立周朝，尊其父姬昌為文王。曹操之意，十分明顯。

曹丕對父親的旨意是最明白不過的了。因此，曹操死後不久，曹丕就讓手下的人捏造出種種祥瑞來，說漢代的氣數已盡，將由魏來代替。曹丕還命華歆等人先行到許都，脅迫獻帝讓位。

華歆進宮後說明來意，獻帝吃了一驚，不禁流下淚來，還在猶豫，忽然外面湧進許多全副武裝的兵士。獻帝慌忙起身，轉身向宮內走，華歆等人追趕。到了中宮，曹皇后聞聲而出，見獻帝

慌慌張張，忙問出了什麼事，獻帝哭泣著說：「你的哥哥要奪走我的帝位呢！」

曹皇后一聽，不禁豎起柳眉，她繞過獻帝，攔住華歆等人，開口就罵：「你們貪圖富貴，膽敢謀反。試想我的父親功蓋寰宇，尚且始終事奉漢朝為臣，我的哥哥繼立魏王才幾天，就想奪取皇位，這是不可能的事，一定是你們這些人慫恿他幹的！」因為曹皇后是曹丕的親妹妹，華歆等人也不敢怎麼樣，只得暫時退卻。

過了幾天，聽說曹丕馬上就要到許都了，華歆等人會合群臣，請獻帝出殿，獻帝迫不得已，只好勉強出來。華歆已經起草好了退位的詔書，逼迫獻帝頒布。獻帝含糊答應，派御史大夫張音將詔書送給曹丕。

詔書中說：「我在位32年，正趕上天下動蕩反覆，只是依靠祖宗的神靈，才延續到今天。我知道漢朝的氣數已盡，天命轉歸了曹氏。古時候，唐堯沒有把帝位傳給兒子丹朱，反而傳給虞舜；虞舜沒有把帝位傳給兒子商均，反而傳給了夏禹。可見，朝代有盛有衰，帝王不在一姓一家。因此，我打算依照唐堯的做法，把帝位禪讓給魏王，請魏王千萬不要推辭。」

曹丕正在曲蠡，得到詔書，心中大喜，但表面上不肯接受，假惺惺地推讓，說自己無才無德，不敢

曹丕

擔當帝位。而他在暗地裡，卻繼續讓大臣們向漢獻帝施加壓力。

張音回來報告，華歆等人連忙致書勸曹丕登位，一面脅迫獻帝交出玉璽。獻帝流著淚，對他說：「玉璽由皇后收藏，不在朕身邊。」華歆去向曹皇后索要玉璽，曹皇后不肯給。華歆將此事報告曹丕。

曹丕派曹洪、曹休領兵入宮，奪取玉璽。曹皇后把玉璽甩到窗外，邊哭邊說：「上天將不保佑你！」

曹洪得到玉璽，仍舊派張音將玉璽連同第二道詔書一起給曹丕送去。曹丕得到玉璽和詔書，還不肯接受，再讓張音將玉璽退回。漢朝皇族裡面有一個輔國將軍叫劉若的，甚至還約集120多個大臣聯名上書，逼迫漢獻帝退位。

漢獻帝沒有辦法，只好第三次下詔，宣布把帝位讓給曹丕。詔書說：「如今上天終止了漢朝的命運，帝王之業確實轉給了大魏。我守著空名而違背古義，實在感到萬分慚愧。而魏王再三謙讓，讓我心裡更感到不安。舜、禹通情達理，不辭帝王之位，故勳烈垂於萬載，美名傳於無窮。因此，魏王只有早日登基，才能順從天意，符合民心，實現我的宏願。」

御史大夫張音將詔書送給曹丕。曹丕又裝模作樣地推讓一番，便迫不及待地接受詔書。他為了要讓天下的人們都知道，漢獻帝是「自願」把帝位讓給他的，於是他就派人在許都南面的繁陽修建了一座高台，叫做「受禪台」，決定挑選一個吉日，在那兒正式舉行禪讓儀式。

公元220年十月，漢獻帝劉協告祭祖廟後，親自來到繁陽的「受禪台」──「禪讓」帝位。劉協令御史大夫張音將皇帝的符節和傳國玉璽交給魏王曹丕。

於是，曹丕便登上「受禪台」，正式召見文武百官，宣布受

禪做了皇帝，就是魏文帝。隨即進入許都，改建康元年為黃初元年，國號為魏，追尊曹操為武皇帝，廟號太祖。

廢獻帝為山陽公，曹皇后為山陽公夫人，勒令搬出宮去，但仍然可以用漢天子禮樂，算是另眼看待。漢獻帝做了大半輩子的傀儡，到最後也沒有擺脫被取代的命運。

東漢王朝歷14帝共計196年，至此滅亡。

獻帝禪讓，是歷史上的一個重要事件，它標誌著漢朝400餘年命運的終結。如今，經歷了1800年風雨，作為這一歷史事件重要見證的受禪壇和「三絕碑」，仍然存世。

受禪壇位於河南省臨潁縣境內，距許昌市僅15公里。據介紹，原來的受禪壇有三層，非常高大，十分壯觀。當年漢獻帝劉協在壇上請魏王曹丕受禪，親手將玉璽奉上。壇下有400餘名大小官僚和30餘萬禁軍將士目睹了這一事件。

如今，這裡只留下一個荒草叢生的大土堆。直徑300米，高度18米，佔地仍有5280平方米。壇頂有塊鍋蓋大小的地方寸草不生，據說那是當年漢獻帝跪過的地方，為土壇平添了一點神祕的色彩。

距此不遠，有個類似農家小院的建築。那裡擺放著勸進碑和受禪碑。兩碑大小基本相當。受禪碑正面有字22行，每行最滿49個字，全碑共1359個字。現在碑上文字僅存900多個。這裡平素大門緊鎖，很少有人知道，但這裡面的兩塊其貌不揚且損毀嚴重的石碑，堪稱國寶，是舉世無雙的「三絕碑」！

相傳此碑碑文出自大臣王朗之手，書法是吏部尚書梁鵠的傑作，而刻碑者是當時鼎鼎有名的鍾繇。文章、書法、雕刻，都堪稱絕品，故稱「三絕碑」。作為那個時期保留下來的石碑，它不僅記載了一段歷史，而且也記載了漢字演變及書法藝術發展的過

程，其價值很高。

就在獻帝禪讓的14年後，即公元234年，劉協死去，終年54歲。魏明帝曹睿（曹丕之子）以漢天子禮儀葬其於禪陵，諡號為孝獻。

終其一生，漢獻帝劉協始終是個悲劇人物，雖少年睿智，但一生被人玩弄於股掌之間，無法施展。如果生在太平盛世，或許他會成為一個好皇帝。可惜他生逢末世，只能苟全性命而已。

他雖有心回天，但先人留給他的實在是個爛攤子，憑一己之力根本無法阻擋歷史的滾滾車輪。他一生的坎坷際遇，的確可悲可嘆！

不過，作為末代皇帝，漢獻帝最終得以頤養天年，壽終正寢，這樣的結局應該還算美好的。

# 第三篇 趣說隋朝二帝的歷史插曲

# 隋文帝楊堅

## 素無學術好猜忌

　　西魏文帝大統七年（541年）六月癸丑日的夜晚，同州，西魏左光祿大夫、雲州刺史楊忠的夫人呂桃生下一個男兒，此人便是日後大隋王朝的開國皇帝隋文帝楊堅。

　　楊堅的主要功績在於統一全國後，實行各種鞏固統一的措施，使連續三百年的戰事得以停止，全國安寧，南北民眾獲得休息，社會呈現空前的繁榮。

　　秦始皇創秦制，為漢以後各朝所沿襲。隋高祖創隋制，為唐以後各朝所遵循。隋高祖在位期間，修訂了許多制度，如官制、兵制、法制、田制、稅制、選舉制及度量衡制等，都是對秦漢以來諸般制度的調整，為唐、宋以後各朝所繼承。而且，隋高祖楊堅很注意民生，重視農業，厲行節儉，使當時國富民殷，可比漢代文景。在對待鄰國和邊疆少數民族方面，楊堅是謀多於戰。如對突厥，旨在分化削弱，不欲黷武；曾擊高句麗，逼降而止。所以，楊堅未曾因炫耀武功而影響文治。

　　總之，隋高祖楊堅是個充滿矛盾的悲劇性人物。楊堅前半生機關算盡，晚年卻諸多失策，可悲者一也；他畢生禮佛求福，臨終卻難免冤死，可悲者二也；他能夠篡周為隋，仍不免二世而亡，可悲者三也。

　　仁壽四年（604年）七月，隋高祖楊堅去世，享年64歲。

# 楊堅出生神奇說

西魏大統七年六月癸丑,也就是公元541年7月21日,農曆六月十三。這一天傍晚,落日餘暉,滿天紅霞,把同州(今陝西省大荔縣)般若寺映照得金碧輝煌。緩緩流淌的洛水,猶如一面明鏡,倒映著層層疊疊的寺宇堂塔,粼粼閃耀。從寺院深處,傳來清脆響亮的嬰兒啼聲,給般若寺平添了許多祥瑞喜氣。

這家主人是西魏赫赫有名的雲州(今甘肅省慶陽縣西南)刺史、大都督楊忠,妻子呂桃,從她的名字上不難看出,並非出自什麼大戶人家。這年,楊忠35歲,戎馬倥傯,一晃已屆中年。

自大統四年(538年)與東魏大戰洛陽後,總算能過上短短幾年相對安定的家庭生活,楊忠盼望有個兒子繼承香火家業的心情尤為焦灼。夫人有喜,帶給楊忠無限的喜悅和希望,使得嬰兒的誕生,顯得如此鄭重,不能有絲毫的差池。可是,一雙號令千軍萬馬的大手,實難承托起幼弱的新生命,夫妻倆再三合計,決定求助於毗鄰的般若寺,一來祈求平安吉祥,而且,當時戰事頻頻,楊忠說不定哪天就得奔赴前線,嬰兒也好有個寄託;二來將頭胎兒女獻於佛前,報答神明的保佑,並祈福於未來。

新生嬰兒是個健壯的男孩,方臉高額,五官端正,看上去就是個將門虎子。一家人歡天喜地,斟酌著給兒子起了個單名「堅」字,希望他長大後能像父親一樣威武堅毅、卓爾不群。洋洋喜氣,映照在楊堅紅撲撲的小臉蛋上,越發顯得光彩照人。放

眼窗外，深庭幽徑，籠罩在紫金暮靄之中，令人陶醉，彷彿眼前的一切，竟是神蹟！

這一定是神蹟！一家人興奮不已，奔走相告，讓遠近的人們，共享這份喜悅，流傳下美麗的傳說。後來，隋朝的文人墨客採擷當時的傳聞，撰就珠璣篇章。

內史令李德林欣然落筆：「皇帝載誕之始，赤光蒲室，流於戶外，上屬蒼旻。其後三日，紫氣充庭，四鄰望之，如鬱樓觀，人物在內，色皆成紫。」

著作郎王劭撰《隋祖起居注》，稱：「於時赤光照室，流溢戶外，紫氣充庭，狀如樓閣，色染人衣，內外驚異。」

一代文豪薛道衡贊頌道：「粵若高祖文皇帝，誕聖降靈則赤光照室，韜神晦跡則紫氣騰天。龍顏日角之奇，玉理珠衡之異，著在圖篆，彰乎儀表。」

……

這些傳說，在隋代廣為流傳，言之鑿鑿，不容置疑。以至唐人在編修《隋書》時，也採納其說，似乎楊堅是膺天命而降生人世，注定要位登九五、統一中國，從而給他披上一件金光燦燦的神衣。而這件神衣，在楊堅後來的政治生涯中，起到了難以估量的作用。

在古代，大凡君王偉人出世，都有一番神靈瑞象的鋪陳。但是，像楊堅這種以佛教靈跡為底蘊的渲染，卻是絕無僅有。

相傳，楊堅出生那天，有一位俗姓劉、法名智仙的尼姑從河

隋文帝

東（山西一帶）風塵僕僕趕來，夤夜造訪楊家。當時，天氣異常悶熱，呂氏打扇驅暑，卻將楊堅扇得寒顫不已，幾致氣絕。就在這緊急時刻，智仙趕到，楊堅轉危為安。於是，智仙對楊忠夫婦說道：「此兒所從來甚異，不可於俗間處之。」虛驚一場的楊忠便將楊堅托付給智仙撫養，還將自家宅院改作佛寺。

過了一段時日，呂氏按捺不住對兒子的思念，悄悄來到智仙房中，將楊堅輕輕抱起，仔細端詳。就在這時，楊堅突然頭上長角，遍體生鱗，化作一條小龍。呂氏見狀大驚，懷裡的楊堅墜落於地。智仙從外間進來，連忙將楊堅抱起，埋怨道：「何因妄觸我兒，遂令晚得天下。」

從此以後，楊家人再也不敢輕易過問楊堅的日常生活。

就這樣，楊堅隨智仙在佛寺裡一天天長大，度過燃燈誦佛的童年。13歲那年，楊堅已是偉岸少年，「為人龍顏，額上有五柱入頂，目光外射，有文在手曰：『王』。長上短下，沈深嚴重。」儼然一副人君儀表。

智仙十分喜愛楊堅，給他取了個與其名字相對應的小名，叫「那羅延」，送他出寺回家，轉入太學學習。

上述傳說，反覆出現在唐人編纂的各種佛教典籍裡面，研究者多斥之為荒誕不經的無稽之談。傳說中包含許多附會成分，固不待言。但是，我們並不能因此而加以全盤否定。實際上，南北朝佛教十分興盛，頗受文人武將的尊崇。

楊忠一家為其信徒，毫不奇怪。而且，楊堅出生於佛寺，也是事實。上述傳說，顯然是根據隋朝文人，特別是王劭的《隋祖起居注》敷衍而成，但其中附會的成分也十分明顯。

# 楊堅冷落三千宮黛原委

隋文帝的妻子獨孤氏，是北周衛公獨孤信的女兒。楊堅取北周而代之，建立隋朝，改元開皇。獨孤氏為皇后，長子楊勇為皇太子，其餘四子都封了王：楊廣為晉王、楊俊為秦王、楊季為越王、楊諒為漢王。

諸王子都是獨孤氏所生，這在歷代較為罕見。文帝曾得意地說：「前代皇帝內寵太多，往往由於嬖愛而廢嫡立幼，我沒有姬妾，五個兒子都是皇后所生，必然會和睦相處，不會像前朝那樣發生爭奪。」楊堅即位後便派兵南下滅陳，統一了全國。

陳朝的後主陳叔寶共有三姊一妹，楊堅將年齡最長的賜予楊素，一妹賜予賀若弼。最小的一妹，生得黛綠雙蛾，鴉黃半額，腰肢如柳，鬢髮似墨，幽妍清倩，艷冶銷魂，容光奪魄。真是一個「回頭一笑百媚生，六宮粉黛無顏色」的絕世美人，楊堅便納入宮中，打算自己受用。

皇后獨孤氏，每當文帝臨朝聽政，她便與文帝一起坐輦去朝堂，到了門閣才止步。楊堅能順利登極，她積極地參與謀劃之功不可沒。獨孤后暗中遣宦官監察朝政，若有不妥的地方，等文帝退朝後，她必然婉言進諫，文帝常常採納她的意見。她曾勸動皇帝從西域商人手中買下價值十萬兩黃金的寶玉，理由是「有了這筆巨資，將來可以養活一萬名士兵」，僅從這一點，就能確信獨孤后是位才智過人的女性。

獨孤后對外戚要求尤為嚴格。她表弟崔長仁，姦淫婦女，文帝看在皇后面上，本要免去其罪，而皇后卻不徇私情，把崔長仁處以死刑。宮中上下都十分敬重她，把她與文帝稱為「二聖」。

獨孤后學識、眼光都好，只是生性嫉妒，不容楊堅接近女色。獨孤后嫁給文帝楊堅時才14歲，她當時讓丈夫發誓：「一生之中不能與除了她之外的任何女人生孩子。」楊堅嚴格遵守誓言，他的孩子全都是由獨孤皇后一人所生，皇帝的私生活如此純真，這在世界史上也是罕見的。

因此隋朝後宮佳麗三千，然而形同虛設，文帝「唯皇后當室，旁無私寵。」宮中諸嬪妃宮女，也在獨孤后嚴厲的目光下噤若寒蟬，春心凍結，無人敢冒生命之虞去與皇上調情。

太子楊勇生性率直，為人寬厚，但生活奢侈，性喜浮華，內寵很多。其中有四個女子最得嬖幸：一個是高良娣，輕盈嬌小，柔若無骨；一個是王良媛，肌膚映雪，柳腰裊娜；一個是成姬，雙瞳點水，一握蓮鉤；而最美的一個叫雲昭訓，真是天仙化人，艷冠三美，更是頗討太子歡心。只是楊勇與嫡妃元氏性情合不來。因此四美輪流當夕，元妃獨守空房。

獨孤皇后是一個善妒的人，不願文帝寵嬪妃，也討厭群臣及諸子寵姬妾。大臣中凡有姬妾生子者，皇后多會令皇帝斥責貶官。如今自己的兒子楊勇寵妾疏妻，獨孤后極為氣憤。每當楊勇入宮見獨孤后，獨孤后從沒有好臉色。本來楊堅對於太子十分信任，常讓他參決政事，楊勇提出的意見，楊堅總是樂於採納，因為獨孤后的枕邊風，楊堅對太子也有了看法。對楊家來說，由誰來繼承皇位，並不是國家大事，而僅僅是家庭問題。

# 楊堅為何毀建康為「菜地」

中國古都文化有三大類型,即以西安(長安)為代表的黃河流域文化、以北京(大都)為代表的環渤海文化和以南京(建康)為代表的長江流域文化。

前兩種類型的都城文化,都可以尋找到原始的古蹟遺存。以六朝為驕傲的古都南京,卻找不到當年的影子。中國當年最豪華的「台城」,宛若水氣,消失得無影無蹤。

歷史上究竟發了什麼可怕的事件,導致這一「失蹤」?原來,又是風水惹的禍。

隋文帝楊堅在剿平南陳後,為了徹底摧毀東南王氣,下詔將宮殿林立、樓宅精緻、繁榮豪華的南陳首都建康,毀為「菜地」,此即史稱的「平蕩耕墾」。

歷史發展到南陳後期,「王氣」又一次成為話題。陳,是南朝中的最後一朝,自公元557年武帝陳霸先代梁自立後,到最後一位皇帝、後主陳叔寶,前後總共存在33年。陳霸先雖然是開國皇帝,但僅享國三年。其後的文帝陳蒨、廢帝陳伯宗、宣帝陳頊、後主陳叔寶,均無甚作為。

特別是陳叔寶,荒淫無度,身居險境,娛樂照常,《玉樹後庭花》香曲不斷,日夜淫縱,以圖快樂。當時,北周大臣野心畢露,把持北周朝政,後代周稱帝。即便在隋軍打到家門口,陳叔寶還不當回事兒。

陳叔寶堅信，東南「王氣」未失，老天會保佑陳國。

公元581年，隋文帝楊堅在立國後，開始拔除最後一根釘子，進攻南朝陳。陳軍聽說隋軍就要進攻了，都很緊張，上報朝廷。當時，楊素率軍從長江上游而下，隋軍船隻全部受阻，陳叔寶底氣十足地對侍臣說，「王氣在此。齊兵三來，周師再來，無不摧敗」，讓大家不要怕。

都官尚書孔範也乘機拍皇帝的馬屁，說：「長江天塹，古以為限隔南北，今日虜軍豈能飛渡邪！」竟稱前方守將緊張是貪圖軍功、胡說八道。

陳叔寶相信建康的「王氣」尚存不過是他的自欺欺人，也許他心裡根本就沒有底氣，命運由天，隨他去吧。在這之前，陳叔寶連隋文帝楊堅的畫像都怕，想來他對壓境隋軍更緊張，所以用「王氣」來忽悠臣僚、士兵。

隋開皇九年（589年）正月，在楊素等大將率領隋軍的進攻下，建康失守。陳叔寶被率先攻入宮城的隋將韓擒虎部下從井裡抓獲。楊堅出身於寺院，是一個迷信的皇帝。在將南朝陳滅掉，後主擄離故都後，擔心東南「天子氣」再起，決定大破建康風水，打算徹底鎮壓一下。

楊堅為什麼會想到這事？根本的原因自然是南京係帝王之宅，自東晉在此立國起，到陳滅亡，共有269年的都城歷史。但還可能是當時身邊風水術士的建議。

楊堅是如何鎮壓建康「王氣」的？

據《隋書・地理志下》（卷三十一）載「丹陽郡」條透露出的信息，其手法與秦始皇差不多，但更為慘重。秦始皇僅將方山地脈鑿斷，楊堅則把整個建康城毀了——平陳，詔並平蕩耕墾，更於石頭城置蔣州，統縣三，戶二萬四千一百二十五。楊堅對建

康實施破壞的時間,當在公元589年城破之後。

「平蕩耕墾」,就是將城內地面上所有建築拆毀,推成平地,開墾成田,供農民栽菜耕種,《隋書‧五行志下》(卷二十三)也反映了此事:「及陳亡,建康為墟。」

堂堂一國都城,竟然成了農民菜地。不要說中國了,在世界都城史上,也是罕見的。接著,廢「建康」一名,恢復了秦始皇譏辱南京的「秣陵」。

楊堅如此一毀,南京的「帝王之宅」,變成了農家小屋,風水盡失。六朝建築,從此基本蕩然無存。由於這次隋毀城徹底乾淨,六朝宮城到底是什麼樣子,具體位置在哪兒,後世當然就一直弄不清了。

# 楊堅與貓鬼的傳說

隋開皇十八年,即公元599年,這年年初,隋朝國母獨孤皇后突然全身刺痛,病倒在床。獨孤皇后是一個有才識之人,在歷史上也佔有一席之地,隋文帝楊堅對其十分敬重。隋文帝見其病倒,忙叫御醫視病,這個御醫也是個有見識之人,一視病情,就說:「這不是自然之病,而是貓鬼之疾。」

隋文帝一聽貓鬼之言,就想到了一個人,這個人就是獨孤陀。獨孤陀是獨孤皇后同父異母之弟,跟隋文帝算是親戚,所以隋文帝也知道他家的一些祕事。

據傳獨孤陀的外婆家世養貓鬼,獨孤陀的一個舅舅就是因為蓄養貓鬼不慎反被貓鬼所害,這件事隋文帝楊堅很早就風聞過,但當時認為是荒誕之事、不經之談,也就不置可否。

這次獨孤皇后中貓鬼之疾,隋文帝馬上就聯想到他了,隋文帝楊堅本身就是一個多疑之人,一旦對獨孤陀起了疑心,就越想越是,就命令左僕射高穎、納言蘇威、大理丞楊遠共同來處理這件事情,這個治案領導小組級別是非常高的,這批人一查,還居然查出了一些名堂來,抓住了一個這個案件中的關鍵人物——獨孤陀家婢女徐阿尼。

婢女徐阿尼據說是獨孤陀家蓄養貓鬼的具體經辦人,抓起來後經不住拷問,就招了,徐阿尼招認:「以前我是獨孤陀外婆家的婢女,在那時起就開始蓄養貓鬼,後到獨孤陀家,繼續蓄養貓

鬼,受獨孤陀之命放貓鬼去害人,被害人家的財物就會轉移到獨孤陀家來。某年某月,獨孤陀在後花園裡對我說,放貓鬼到皇后處,使皇后的財物移到他家來。」但破案講究得是證據,憑徐阿尼的一面之詞也難定獨孤陀之罪,於是就叫徐阿尼呼貓鬼出來,一究真假。

徐阿尼於子夜時分,置一碗香粥於宮門外,念一番咒語後,拿一匙輕敲碗邊,口中喃喃叫道:「貓女出來,毋住宮中;貓女出來,毋住宮中。」不久,徐阿尼便目光呆滯,兩眼發直,臉色發青,整個人就像被什麼東西拉扯著向外移,看的人禁不住驚呼道:「貓鬼附體了,貓鬼附體了。」

此案遂定,獨孤陀雖因是皇后的弟弟免了殺頭之罪,也被貶為庶民,不久鬱鬱而死,這就是歷史上有名的「獨孤陀事件」。

這件事發生後,隋文帝楊堅是十分震怒,同年五月,隋文帝下詔:「蓄貓鬼、蠱惑、魘媚等野道之家,流放至邊疆。」

所以後來流傳於苗疆、雲貴之地的蠱惑之術,甚至流傳於東南亞的降頭術,源頭都在中國,只不過後來流傳出去而已。

# 楊堅死因懸疑

關於隋文帝楊堅的死因,目前學術界一般來說有兩種觀點:第一種觀點認為他是死於其子楊廣手中,即是死於謀殺。這也就是盛傳的隋煬帝楊廣弒父淫母案。對於這一事件的具體內容,史書記載說:隋文帝晚年病重之際,尚書僕射楊素、兵部尚書柳述等奉旨入宮侍駕,太子楊廣也於此刻入住大興殿,但沒讓他侍奉文帝。為了解父皇的病情進展情況,楊廣就寫信給楊素讓其密切關注,並詢問一旦文帝駕崩之後的具體處理辦法。楊素寫好回信後,送信的侍從卻將信送到了隋文帝手中,文帝看後非常震怒,開始對太子楊廣有了看法。接著不久,就發生了太子楊廣調戲母后陳夫人之事。馬總《通曆》云:「上有疾,於仁壽殿與百僚辭決,並握手歔欷。是時唯太子及陳宣華夫人侍疾,太子無禮,宣華訴之。帝怒曰:『死狗,那可付後事!』遽令召勇。楊素祕不宣,乃屏左右,令張衡入拉帝,血濺屏風,冤痛之聲聞於外,崩。」可見,由於楊廣非禮母后,文帝怒而欲廢黜之,楊廣怕到手的帝位告飛,便先下手為強,殺了父親,這就是這段歷史依據所要表露的思想。

第二種觀點認為隋文帝是因病而亡的。這一觀點是建立在批駁前一種觀點的基礎上提出的。據此觀點的學者首先對《大業略記》和《通曆》提出了批評。他們認為這兩本書在文帝發喪日期上均錯將二十一日寫為十八日,此其一;其二是將緋聞案的女主

角由陳夫人記為容華夫人。還有，所記載的殺害文帝的首犯是楊素，其執行者為張衡，兇器是毒藥等，皆沒有強有力的證據。

　　基於以上疑點，可見此兩部文獻的不足以信。與此同時，他們提出了病故說。據《隋書・高祖紀》對文帝駕崩的記載情況來看，仁壽四年（604年）四月，文帝患病於仁壽宮，六日六日，病情加重，文帝宣令大赦天下，以求百姓祝福，上天祝福。當時的天象是，「有星入月中，數日而退」，這是一種不祥之兆。果然，不幾天，「上以疾甚，臥於仁壽宮，與百僚辭決，並握手歔欷」。十三日，史載文帝「崩於大寶殿」，時年64歲。這是支持依據之一。

　　另外，他們還從唐朝的角度入手，發現唐朝君臣均無人指認楊廣弒父這一現象，表明以隋為鑒的大唐與隋歷史最近，都未認可這一事實，更何況後來的歷朝歷代的研究文獻的記載呢？何況，針對具體的施毒者張衡，史書稱其「幼懷尚志，有骨鯁之風」，唐高祖李淵還賜他「忠」的諡號，這難道不正說明他自身的清白嗎？不然，何以能得後朝平反這一禮遇。當然，也有學者提出，唐「玄武門之變」與這一事件頗為相似，倘承認前者，則無異於接受了後者，這是唐太宗所不能容忍的，因此史學家只好曲晦這件事了。但是，支持者們又認為，給張衡平反之事發生在唐高祖李淵手中。這兩者之間的矛盾又作何解釋呢？對此，諸多學者一時也無有力的證據。

　　此外，還有學者進一步指出，隋文帝由於晚年縱慾過度，致使身體虛弱，加之年事已高，故患病而亡的可能性極大。因為史書有載隋文帝彌留之際的一句話「如果皇后在，我不會變成這種地步」可以說明一些情況。總之，隋文帝楊堅晚節不保，致使他的死亡不僅給當時，更是給後人留下了謎一樣的結果。

# 隋煬帝楊廣

## 病態人格最荒淫

　　北周武帝天和四年，即公元569年，隋煬帝楊廣誕生在關中，出生地可能是同州（即馮翊，治今陝西大荔）。至今，大荔城中猶有街名龍興里，並存「煬帝故里」碑。28年前，楊廣的父親楊堅也出生在這裡的一座般若寺中。隋高祖開皇七年（587年），隋文帝楊堅來此「親祠故社」，這裡被稱是「先帝所居」。

　　對於隋煬帝這樣的歷史人物，從來口誅筆伐，不遺餘力，但歸根結柢，無非說他是「自作孽，不可活」。這是不正確地將煬帝個人的作用抬得太高，忽略了當時的社會背景和階級背景。

　　當然，隋煬帝是中國史上著名的暴君，這點毋庸懷疑，但是，必須從這時的社會發展、階級關係和統治階級內部的問題等來加以考察，絕不能孤立地僅從煬帝個人的意欲和行動來說明。

　　隋煬帝統治時，對社會發展固然起了嚴重的阻礙作用，但也做了些鞏固統一帝國的措施，做了些在客觀上多少有利於經濟和文化的工作。不過，總的說來，楊廣是歷史上的反面人物。

# 楊廣開挖大運河的真正目的

隋煬帝荒淫手法多多，其在對付風水方面也有奇招。楊廣在位時製造的風水事件，疑雲最大的還是開鑿大運河一事。大運河，即現在常說的「京杭大運河」。

楊廣剛當皇帝不久的大業元年（605年），就開始興修水利工程。先開鑿通濟渠，直接溝通黃河與淮河的交通，再改造邗溝和江南運河。大業三年又開鑿永濟渠，北通涿郡。連同公元584年開鑿的廣通渠，形成一個多支流的運河系統。

楊廣開鑿的大運河，是世界上里程最長、工程量最大、歷史最古老的運河之一。其所動用的人力、物力、財力，在當時世界上是最巨大的。隋為何早早亡國，與大興工程招致民怨，也應該有很大的關係。

楊廣為何要開鑿大動河？民間傳說最廣的是，為了方便去揚州看瓊花。再一說是，為了泄睢陽(今河南商丘境內)一帶的「地氣」。唐人韓偓的筆記小說《開河記》首篇即稱：「睢陽有王氣出，佔天耿純臣奏後五百年當有天子興。」

當時楊廣的小舅子、諫議大夫蕭懷靜奏曰：「臣聞秦始皇時，金陵有王氣，始皇使人鑿斷砥柱，王氣遂絕。今睢陽有王氣，又陛下意在東南，欲泛孟津，又慮危險。況大梁西北有故河道，乃是秦將王離畎水灌大梁之處，欲乞陛下廣集兵夫，於大梁起首開掘，西自河陰，引孟津水入，東至淮口，放孟津水出。此

間地不過千里,況於睢陽境內過,一則路達廣陵,二則鑿穿王氣。」

楊廣聽了蕭懷靜的一番話後,心裡很高興,於是開鑿了大運河。明齊東野人則將此事進一步進行創作,他在《隋煬帝艷史》第十八回中,便專門說了此事,篇名叫「耿純臣奏天子氣,蕭懷靜獻開河謀」——耿純臣到了殿前,望見煬帝,先行過那五拜三叩頭的大禮,然後俯伏在地奏道:「微臣職司佔驗,連見天象有異,不敢不奏聞陛下。」煬帝道:「天象有何變異?賜卿平身,慢慢奏上。」耿純臣道:「臣觀得睢陽地方,不時有王氣隱隱吐出,直上衝於房心之間。或結成龍紋,或散作鳳彩,此名為天子之氣。事關國家運數,臣不敢不奏聞。」

接下來,耿純臣又詳釋了「天子氣」。煬帝道:「朕聞山川皆能吐氣,況氣乃虛無縹緲之象,如何便定得吉凶!」耿純臣道:「氣雖虛無縹緲,其實有凶有吉,種種不同。」煬帝道:「你就說有哪幾種不同。」

耿純臣道:「有一種似煙非煙、似雲非雲,鬱鬱紛紛,現紅黃二色,狀若龍形,這叫做瑞氣;瑞氣見,則人君當有祥瑞之事。有一種白若練絮,晦昧不明,乍有乍無,其狀類狗,這叫做妖氣;妖氣見,則天下不有大喪,即有兵變。有一種中赤外黃,有絲有縷,若欲隨風飛舞之狀,這叫做喜氣;喜氣見,則朝廷有非常之喜。有一種狀若長虹,沖天直上,中吐赤光潤澤者,叫做勝氣;勝氣見,則天子威加四海。有一種狀若人形,而白色蓬蓬不動者,叫做屍氣;屍氣見,則其分野之下民,當有流離傷亡之災。有一種赤紋飛舞,團團曲曲,有如冠纓之狀,或如筆鋒牙笏之狀,皆叫做宰相氣;所見之方,當出賢相。有一種如虎如豹,如熊如羆,精光四射若火者,叫做將軍氣;所見之方,當出名

將。唯此團團如蓋，青、黃、赤、白、黑五色皆備，或現龍紋，或結鳳彩，方叫做天子氣。其餘還有金銀之氣，珠玉之氣，劍氣、蜃氣，種種不同。臣故敢冒死上奏。」

耿純臣對「天子氣」的解釋，不要說迷信的天子楊廣了，就是一般人聽了這番出自術士之口的解釋，也可能會信以為真。

楊廣開鑿大運河真的有風水上的原因嗎？這已成了歷史不解之謎。聯繫楊廣在位時去山西「鎮王氣」，民間傳說還是靠了點譜的，並非無稽之談。自從有了這條運河，就交通上來說，楊廣的荒淫更方便了（也為後代皇帝下江南巡幸玩樂提供了仿效的樣板）。民間傳說，楊廣以觀揚州瓊花為名，多次去江南「獵艷」。每次經大運河而下，兩岸都彩旗招展，陣勢隆重。

在大運河流經的蘇北民間，至今流傳著不少楊廣當年下揚州的風流故事。揚州以出產美女而聞名，而在楊廣之前，揚州女人長得並不出眾，也無姿色。楊廣到揚州看花，每次總會從宮裡帶來大批美女。楊廣被殺隋亡後，這些美女便散落於當地民間，淪為民婦。一代代傳下來，有了美人胚子的揚州，從此漂亮女人就多了。

但是，楊廣開鑿大運河最直接的原因，恐怕既不是為去揚州看瓊花，也不是「泄地氣」，而是為了方便魚米之鄉江南地區大量物資的北上，以供應京都所需。河成之後，江南地區運往洛陽的大米、珍貨源源不斷，就是一個證明。

帝王打下天下後，首先要考慮的是都城選在哪兒，而一個城市能成為「帝王都」，因素很多。除了地理位置這一要素之外，風水好不好，是否能養萬年龍脈，保萬年基業，這是很關鍵的。

## 楊廣弒父姦母之謎

楊廣排行老二，因此沒有被立為太子。而他的哥哥楊勇因為是嫡長子，很早就被立為太子。很有野心的楊廣於是想方設法讓父皇廢掉哥哥楊勇，立自己為太子。

為此，楊廣故意裝出勤儉節約、孝順父母和不愛美色，以討好父母，博取父母的歡心。而這時的太子楊勇卻不識好歹，奢侈浪費，縱於聲色，因此日漸為父母所不喜。果然，楊廣的計策取得了成功，不久，楊勇就被廢掉，關押起來。楊廣也因此順利地立為太子。

公元604年，楊廣的父親隋文帝楊堅駕崩於仁壽宮，楊廣登基即位。

一般的說法是隋文帝病情嚴重時，楊廣入宮侍奉。據說，此時的楊廣抑制不住內心的興奮，不久就對老爹最寵愛的陳夫人，垂涎三尺。一天，乘著陳夫人上廁所的時候，楊廣上前一把抱住。陳夫人掙扎逃掉，來到隋文帝的病榻前。隋文帝楊堅看她神色倉皇，問她怎麼回事，她垂淚說：「太子無禮。」楊堅大怒說：「獨孤誤我！」立即命兩位親信官員去長安召喚楊勇。

楊廣得到消息，急急通知楊素，楊素立即把兩位親信官員逮捕，勒兵戒嚴，包圍仁壽宮，斷絕內外交通。楊廣的部屬張衡，闖進隋文帝的臥室，把隋文帝抱起來，猛擊他的胸部。隋文帝口吐鮮血，哀號的聲音，傳入後宮，後宮陳夫人以下全體宮女，屏

聲靜息,面無人色。殺死隋文帝後,楊廣又派人矯詔馳赴長安,把他那已經被罷黜的哥哥楊勇殺掉。

但是細究史料,卻沒有發現任何煬帝弒父姦母的可靠史料。連刻意貶責煬帝的《隋書》也沒有直接提到煬帝弒父姦母的事。司馬光《資治通鑑》也僅記「俄爾上崩,故中外頗有疑論」,並未作出充分肯定的結論。

其實,根據情理,楊廣絕無殺父姦母的可能。煬帝弒父姦母不過是小說家言而已。

從小楊廣就表現出非同尋常的自制力,舉止端凝,深沈嚴重。楊廣對父母之命奉之唯謹。父親提倡節儉,他便衣著樸素,用度有節。母親性奇妒,最看不得男人好色,他則與正妃蕭氏舉案齊眉,恩愛有加。

在隋文帝重病將死的幾天裡,楊廣當然是全帝國心情最緊張、最複雜的人。不管內心是否如野史小說中所說盼著老皇帝早一天嚥氣,至少在皇帝訣別了百僚,全帝國都知道皇帝熬不了幾天的時候,楊廣絕沒有任何必要像傳說中的那樣提前謀殺父親。在這些天裡,他唯一做的就是,力求完美地扮演孝子的角色,順利地即位登基。

另外,需要他做的事還有很多。楊廣應該是當時最忙碌的人,國事和家事都需要他拿主意,甚至要自己親自去辦,一個人的精力無論如何是應付不了這麼多事情的,連日辛勞,在這個時候,楊廣怎麼會打起父親寵妃的主意,以致鬧出了「強姦未遂」的案子來呢!

## 楊廣為何受宮女青睞

　　文選樓即昭明文選樓，煬帝常常涉足這裡。煬帝每次到文選樓，車駕未到，先命宮娥數千，升樓迎侍。當時的盛況有如許記載：微風從東邊陣陣吹來，宮娥美女的衣服被風吹起，露出肩膀。皇帝看到這些，更加色瞇瞇的，便下令建造迷樓，選擇天下的美女充實其中，讓美女們穿著輕羅衣裳，倚著朱欄眺望，飄若仙子。又在迷樓四角燒上名香，煙氣迷濛，像朝霧不散，稱為神仙仙境。樓上張四寶帳，每頂寶帳各取異名。一叫夜酣香，一叫散春愁，一叫醉忘歸，一叫延秋月。各房各帳處妝奩寢衣被帳等形狀色澤各異。

　　煬帝自達廣陵，殿御女也一同帶到廣陵。煬帝命建月觀行宮。此後，絳仙等留居行宮，不得親侍寢殿。一郎將自瓜州宣事回宮以後，進獻一器合歡水果。煬帝大喜，命小黃門帶一隻合歡果馳騎行宮，賜賞吳絳仙。絳仙展開一看，合歡果經長途跋涉，已經解散。絳仙便附上紅箋小簡，賦詩一首獻給煬帝：

　　驛騎傳只果，君王寵念深。
　　寧知辭帝裡，無復合歡心。

　　煬帝看詩以後心中不高興，對黃門說：「絳仙怎麼有這麼深的怨氣？」黃門大懼，跪拜著說：「因為馬跑得快，馬上很震

動，到月觀後，合歡果散開了，沒連在一起。」煬帝深情款款地說：「絳仙不僅長得漂亮，詩還寫得很好，不比左貴嬪差！」

煬帝廣施恩愛，得幸宮女們感戴不已。煬帝臨死還得一宮女護衛，怒罵叛逆，真可謂紅顏知己，這位宮女就是朱貴兒。

《海山記》說，煬帝遇害時，中夜聞外切切有聲。煬帝急忙起身，披戴衣冠，御內殿坐下未久，叛兵即至。近侍司馬戡提刀向煬帝奔來。煬帝大喝，怒斥叛兵。

當時，寵幸的宮女朱貴兒在煬帝身側。煬帝斥住了叛兵，朱貴兒挺身大罵司馬戡：「三天前，聖上怕你們侍衛受秋寒，吩咐宮人為你們做袍褲，還親自臨視宮人製作，造了幾千件，兩天就完工。前天已賜給你們，你不知道嗎？你們還敢造反？」

煬帝質問自己有什麼罪，叛兵歷數其罪：違棄宗廟；巡遊不息；外勤征討；內極奢淫；使丁壯盡於矢刃；女弱填於溝壑；四民喪業；盜賊蜂起；專任佞諛，飾非拒諫。說罷揮刀要殺。

煬帝說：「天子有天子的死法，何必要動刀子？拿鴆酒來！」不許。煬帝自解練巾授校尉狐行達，縊殺之。煬帝縊殺，朱貴兒還大罵叛兵不止，也被亂兵所殺。

# 楊廣葬身何處

隋煬帝楊廣是隋王朝的第二代皇帝，公元604年至618年在位，年號「大業」，統治中國14年，楊廣之死在史界倒無爭論，而其駕崩之後究竟所葬何處，一時卻未能確定。

由於隋朝末年，天下大亂，況且隋煬帝楊廣乃是死於亂臣宇文化及之手，所以楊廣死後的葬身之處幾乎是處於無人照料的境地，漸成荒冢。唐天寶年間及至唐末，竟無法尋覓到該陵，故曾有《煬帝陵》一詩嘆其事云：「入郭登橋出郭船，江樓日日柳年年，君王忍把平陳業，只換雷塘數畝田。」那麼，隋煬帝楊廣的陵究竟在何處呢？

清嘉慶十二年（1807年），著名學者阮元經過一番考察，確定了煬帝陵冢，並重修陵墓及豎有一碑。當時的情況史料記載曰：「嘉慶維揚志圖，於雷塘之北通一墓碑，碑刻隋煬帝陵四字，距今非久，不應迷失，乃問城中人，絕無知者。嘉慶十二年，元徑墓廬，偶遇北村老農，問以故址，老農言：陵今在，土人名為皇墓墩，由此正北，行二里許耳。乃從之，行至陵下，陵地約剩四五畝，多從葬者。陵土高七八尺，周圍二三畝許，老農言，土下有隧道、鐵門，西北向，童時掘土尚及見之。」

此陵即為今江蘇省揚州市北9公里的槐泗鎮雷塘鄉槐二村的煬帝陵，該地目前僅立有一高1.6米，寬0.8米，厚0.12米的石碑，碑心刻有「隋煬帝陵」四字，右側有「大清嘉慶十二年在籍

前浙江巡撫阮元建右」，左側有「揚州知府伊秉綬題」。陵墓高約5米，墳上灌木雜草叢生，墓旁植刺槐百餘株，四周為阡陌縱橫的渠道良田。陵區及陵寢周圍，均用石條砌成，農田與陵區界線分明，整個陵墓保存完好。

照此看來，該處當是煬帝陵墓無誤，但事實果真如此嗎？

有學者表示了質疑。他們認為坐落在陝西省寶雞市武功縣西原羅家堡上的坐南面北的陵冢，才是隋煬帝陵。這些學者、專家指出，楊廣原先初葬吳公台，唐朝平定江南後又改葬雷塘，即上述地址。後來，李淵稱帝念及表親一場，將楊廣一人孤零零地放在南方，於心不忍，遂命秦王李世民將其遷回京師重地。結果，便將隋煬帝楊廣葬在了離泰陵5公里處，即武功縣西原羅家堡。該陵據說陵南曾有石人、石馬、石獸、石碑，且有兵士把守，但不久這批石刻又全移到了陵北邊。並且石碑上都有一道細長痕跡，傳說是尉遲敬德用寶劍砍的。

關於墓向為何朝北，有人說是由於楊廣生前曾弒父淫母，喪盡天良，故楊堅的靈魂不讓他見陽光，懲罰他使之永久沈悶在傍晚西天日落時的蒼涼暮靄中。當然，傳說類於迷信，不足為信，但事實終歸是事實，武功確有一座煬帝陵。那麼，這兩處的陵冢究竟誰是真的呢？一時的確難以評定。反對「武功說」的學者認為，此陵中埋葬的是楊廣的衣物，而非真人，故為「衣冠冢」。但反對「江蘇說」的則認為，既然李淵頒旨遷陵，豈有人敢弄虛作假，違抗聖旨，故此陵為真帝冢。

看來，目前針對這一事件的真偽，還有待於進一步的考證方能定奪，一切的結果就讓我們拭目以待、翹首以盼吧！

〈本卷終〉

國家圖書館出版品預行編目資料

歷代帝王暗黑祕史，趙逸君主編，
　初版，新北市，新視野 New Vision，2025.02
　　面；　公分 --
　　ISBN 978-626-7610-05-3（第1冊：平裝）
1.CST：中國史　2.CST：通俗史話

610.9　　　　　　　　　　　　　　113018996

# 歷代帝王暗黑祕史 I
趙逸君　主編

出　　版　新視野 New Vision
製　　作　新潮社文化事業有限公司
　　　　　　電話 02-8666-5711
　　　　　　傳真 02-8666-5833
　　　　　　E-mail：service@xcsbook.com.tw

總 經 銷　聯合發行股份有限公司
　　　　　　新北市新店區寶橋路 235 巷 6 弄 6 號 2F
　　　　　　電話 02-2917-8022
　　　　　　傳真 02-2915-6275

印前作業　東豪印刷事業有限公司
印刷作業　福霖印刷企業有限公司

初　　版　2025 年 03 月